KB097800

기억하지 못하면
거역하게 됩니다

기억하지 못하면
거역하게 됩니다

지은이 | 꿈의학교 출판부
기획 | 예그리나 이은진, 꿈꾸는 이인희
펴낸이 | 원성삼
표지디자인 | 한영애
일러스트 | 민경숙
펴낸곳 | 예영커뮤니케이션
초판 1쇄 발행 | 2022년 10월 22일
등록일 | 1992년 3월 1일 제 2-1349호
주소 | 03128 서울시 종로구 대학로3길 29, 313호 (연지동, 한국교회100주년 기념관)
전화 | (02) 766-8931
팩스 | (02) 766-8934
이메일 | jeyoung@chol.com
ISBN 979-11-89887-58-2 (04370)
      978-89-8350-738-9 (세트)

값 16,000원

모든 인간은 하나님의 형상을 닮은 존귀한 존재입니다. 사람은 인종, 민족, 피부색, 문화, 언어에 관계없이 모두 다 존귀합니다. 예영커뮤니케이션은 이러한 정신에 근거해 모든 인간이 존귀한 삶을 사는 데 필요한 지식과 문화를 예수 그리스도의 사랑으로 보급함으로써 우리가 속한 사회에 기여하고자 합니다.

기억하지 못하면
거역하게 됩니다

꿈의학교 출판부 지음 ● 예그리나 이은진·꿈꾸는 이인희 기획

하나님 은혜의 흔적이 담긴
꿈의학교 20년 이야기

예영

차례

프롤로그

꿈의학교는
주님의 작품입니다

사랑의병원이 있던 곳, 암 환우들이 좋아하던 자연친화적 마을인 영탑리에서 꿈의학교를 설립하려고 할 때 주변의 리더들이 모두 극구 반대했다. 모두가 반대할 때 나는 주님의 뜻임을 직감했다. 개척자는 항상 고독하다. 그러나 그 고독은 새로운 역사를 창조하는 산고의 고통일 뿐이다. 새로운 일이 항상 성공하는 것은 아니다. 그러나 새로운 일을 시도하지 않으면 성공은 아예 없다.

물론 그 전에 "국제사랑의봉사단"을 시작할 때 지지자가 거의 없었다. "사랑의병원"을 시작할 때 모두 무모한 일이라고 만류했다. 병원에서 "이롬"이라는 식품회사를 만들어 생식사업을 시작할 때 사역자가 할 일이 아니라는 핀잔을 받았다. 꿈을 이루려면 '순간포

착의 능력'이 중요한 것 같다. 초창기 '꿈의 학습'에 대해 처음 들었을 때 섬광처럼 번득이는 예지가 있었다. 이 학습이 보편화되면 무너진 한국 교육을 회복시킬 수 있을 거라는 확신을 가지게 되었다. 그래서 탄생한 것이 "꿈의학교"이다. 이제 많은 동역자와 함께 '꿈의학교의 세계화'에 대해 열정을 불태우고 있다. 도처에 꿈의 재료가 널려 있다. 나는 하나님의 은혜로 꿈의 재료를 부지런히 주워 담은 것 뿐이다.

나는 꿈의학교를 방문하면 스스로 감동이 된다. 여기야말로 다이아몬드 광산이라는 생각이 들었다. 잘 가공하기만 하면 정말 비싼 값에 팔릴 다이아몬드 원석이 여기저기 박혀 있었다. 그리고 알밤이 널려 있는 밤나무골이라는 생각도 들었다. 토실토실하고 내용이 꽉찬 알밤들이 좌악 깔려 있었다. 줍기만 하면 된다. 모든 아이들은 하나님의 형상대로 창조함을 받은 영재이다. 교육은 '영재 만들기'가 아닌 '영재 발견하기' 작업이다. 현재의 조국을 보면 암담한 생각이 들다가도 이들을 보면 희망이 생긴다. 경작의 법칙이라는 것이 있다. 반드시 심은 대로 거두게 되어 있다. 오늘날 우리의 모습은 과거의 '우리가 심은 대로의 열매'이다. 오늘날 조국의 미래, 인류의 미래를 바꾸려면 확실하게 변화된 사람을 산출해 내야 한다. 한탄만

하고 있어서는 문제해결이 되지 않는다. 아무리 급해도 사람부터 키워야 한다. 이제라도 차분하게 단계를 밟아 차세대 리더를 키울 수 있는 토대를 쌓아야 한다. 인재 양성의 인프라 구축이 꿈의학교의 존재 목적이다.

인생은 만남에서 그 삶의 질과 방향이 결정된다. 한 위대한 인물이 탄생하는 데는 반드시 위대한 만남이 있기 마련이다. 대부분의 사람들은 눈에 보이는 축복을 위해서는 기도하지만 좋은 사람을 만나게 해 달라는 기도는 별로 하지 않는 것 같다. 나는 수많은 신앙의 위인들로부터 엄청난 은혜를 받고 자란 세대이다. 그래서 그 만남의 가치에 대해 가슴 저리도록 강조한다. 나는 부모들에게 자녀를 위해 기도할 때에 막연히 기도하지 말고 '위대한 만남'을 위해 기도하라고 권면한다. 인생을 돌이켜 보면 좋은 스승, 좋은 친구, 좋은 배우자를 만나는 것이 얼마나 중요한가가 명백해진다. 살아 있는 '위대한 인격', 훌륭한 '역할 모델'을 만나게 해 달라고 기도해야 한다.

이름 없이 빛도 없이 오직 사랑과 섬김으로 아이들을 돌보는 선생님들, 나는 그들과의 인격적 만남에서 위대한 산출의 역사가 일어나리라 믿어 의심치 않는다. 그들의 유일한 위로라면 학생들에게서 받는 사랑과 존경이다. 정말 자녀를 위대하게 키우고 싶은가! 그러면 스승을 사라! 과감하게 집을 팔아서라도 스승을 사라! 특히 영적, 정신적 스승을 사라! 얼마나 많은 아이들이 잘못된 스승들에 의해 정신적 쓰레기를 먹고 있는가! 누가 아이들에게 불량식품을 먹인다면 펄펄 뛸 것이다. 그런데 우리 아이들에게 그 많은 쓰레기, 배설물과 같은 정신적 양식을 먹이는 현실에 대해 무방비 상태로 일관한다면 자식 교육은 포기한 것이나 다름없지 않을까? 교육을 망쳤다면 유산이 무슨 의미가 있는가? 집을 팔아 전세로 옮기더라도 위대한 스승을 사라고 권면하고 싶다.

나는 "사상은 결과를 낳는다."는 말을 매우 좋아한다. 꿈의학교의 4대 자원인 신앙, 책, 인물, 인류애 체험을 통해 위대한 하나님의 사람들을 키워 낸다면 우리의 미래는 어떻게 될까? 가슴 설레는 미래가 우리를 기다리고 있다. 나는 보스턴에 갈 때마다 하버드대학의 하버드야드(Havard Yard)를 방문한다. 영국에서 미국으로 이민 온 존 하버드 목사가 "이 황무지 같은 땅에 신실한 하나님의 사람을 키우는 대학을 세우고 싶다."는 꿈을 안고 7백 파운드의 기부금과 1,200권의 책으로 시작된 곳, 결국 세계 최고의 명문이 되었지만 영적인 시각으로 볼 때 나는 허탈감을 감추지 못한다. 세계 최고의 인재를 만드는 데는 성공했을지 모르나 본래의 비전인 하나님의 사람을 키우는 데는 실패했기 때문이다. 그래서 나는 새로운 꿈을 꾼다. 하버드보다 더 위대한 학교, 확고한 성경적 이념으로 하나님의 사람을 키워 내는 학교가 반드시 이 땅에 그리고 세계 곳곳에 세워지리라는 꿈이다. 그래서 나의 사무실에는 하버드야드의 전체를 한 장으로 찍은 사진(360도 회전 사진)이 걸려 있다. 하버드야드를 능가하는 홀리야드(Holy Yard)와 드림랜드(Dream Land)에서 마음껏 자라나는 아이들을 보고 싶다. 영성과 전문성을 겸비한 하나님의 사람을 키우고 싶은 열망과 끊임없는 도전이 나의 뇌리를 스친다.

혹시 꿈의학교 학생이 미국의 "아이비리그"나 "서울대학교"에 못 갈지도 모른다. 우리는 자신도 모르게 조급증의 노예가 되어 있다. 모든 꿈은 단기적인 것이 아니고 장기적인 것이다. 몇 년 후를 비교하지 말라. 앞으로 30년 후를 비교해 보라. 우리의 궁극적 목표는 세상을 치유하고 변화시키는 전인격적인 하나님의 사람을 키우는 것이다. 꿈의학교는 세상의 위인이 아닌 하나님의 사람을 키우는 곳이다. 나는 천국에서 가장 인정받는 사람을 키우고 싶다. 혹 유명한 사람이 안될지는 모르나 하나님의 관점에서 '가장 영향력이 있는 사람'을 키워 내고 싶은 것이다. 평생 동안 최고의 감격과 보람을 느끼며 사는 하나님의 사람을 키워 내자. 나는 꿈의학교에 21세기 교육의 미래를 걸고 싶다. 그리고 크리스천 영재 육성을 통한 세계 선교의 새로운 모델을 제시하고 싶다. 꿈의학교의 세계화에 목숨을 걸고 싶다. 꿈의학교는 아이들과 학부모들뿐 아니라 모두 똑같은 꿈을 꾸게 하는 마력을 가졌다.

꿈의학교.

아무리 생각해도 사랑스럽고 가슴이 설렌다. 꿈의학교는 주님의 작품이다. 오랫동안 수많은 분들의 사랑과 헌신을 통해 주님이 디자인하신 걸작품이다.

주님, 홀로 찬양 받으소서.
주님, 홀로 영광 받으소서.

꿈
Dream

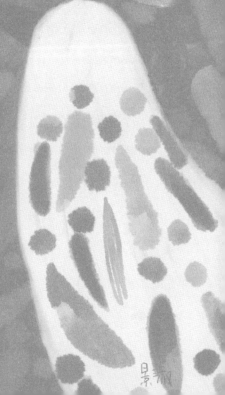

꿈의학교의 태동
'아가피아 꿈의학교'

[소개] 온유한 **노재웅**

대학 졸업 후 선교사가 되는 꿈을 꾸었다. 하지만 IMF로 인해 좌절되었고 우연히 아가피아 꿈의학교 독서학교를 수료하던 중 교사 제의를 받게 되었다. 꿈의학교의 전신인 아가피아 꿈의학교에서 1998년 말부터 교사로 일하기 시작했고 현재는 한 아내의 남편이자, 두 아이의 아버지로, 그리고 꿈의학교에서 생활담임으로 함께하고 있다.

아가피아 꿈의학교

"학교 선교를 한 번 해보지 않으시겠어요?"

아가피아 꿈의학교 교장 선생님께서 학교를 막 시작하실 때 저에게 했던 제안입니다. 지금 꿈의학교의 전신인 '아가피아 꿈의학교'는 양평에서 빌라 두 채를 빌려 7명의 학생, 소수 교사와 함께 시작했습니다. 어떻게 보면 하나의 공동체가 만들어진 것입니다. 이곳은 하나님 나라를 세우는 곳이라 생각했고, 그 나라를 세우는 일에 동참한다는 생각으로 출발하게 되었습니다.

양평에서 7명으로 시작한 학생 수가 해를 거듭할수록 점점 많아졌습니다. 1999년에는 17명으로 늘어나 당시의 빌라에서는 감당이 안되어서 충북 괴산으로 이전하게 되었고 조그마한 폐교를 빌려 학교생활을 계속 이어갔습니다.

그 다음해인 2000년도에는 학생이 약 30명으로 또 늘어나 성장을 맞게 되었습니다. 괴산에 계속 있을 수도 있지만 건물을 빌려 학교를 운영하고 있었기에 앞으로 '학교' 형태로서의 지속적인 성장을 위해 이전할 것인지 아니면 계속 있을 것인지 결정이 필요했습니다.

다음 세대를 위해 학교를 키워보자는 공동체 식구들의 뜻이 모아졌고 새로운 학기가 시작되기 전 2001년 겨울방학, 또 한 번 충북 제천으로 이사를 갔습니다. 제천으로 갈 때는 학생 수가 약 60명이 되었습니다. 하지만 이사 간지 얼마 되지 않아 위기에 부딪혔습니다. 안정적인 재정 확보의 어려움, 리더십의 불안정함으로 인해 10월 말경에 학교가 폐교의 기로에 서게 되었습니다.

이 위기를 극복하고자 그 당시 교감 선생님, 공동체 대표 한 분, 그리고 저 이렇게 셋이서 학교를 구하기 위해 발 벗고 뛰었습니다. 특별히 학부모님 중 현직 교장 선생님, 대형 교회 목사님 등 영향력 있는 분들을 찾아다녔습니다. 그중 한 분이 현재 꿈의학교 이사장님 이신 황성주 박사님이셨습니다. 아가피아 꿈의학교 시절부터 세 자녀를 다 보내셨기 때문에 학부모님으로서의 관계도 있었고 마지막 지푸라기라도 잡는 심정으로 찾아갔습니다. 하지만 안타깝게도 돌아온 대답은 "어려울 것 같다."였습니다.

이후 약 두 달의 시간이 어떻게 흘러갔는지 모르겠습니다. 그러던 중 2001년 12월 말, 황성주 박사님이 만남을 요청하셨고 다시 돌아온 대답은 "하나님께서 거룩한 부담감을 주신다."였습니다. 당시 황 박사님이 계신 사랑의공동체 내에서는 이미 꿈의학교 인수를 하지 않는 쪽으로 결정이 됐는데, 하나님께서 계속 마음에 거룩한 부담감을 주신다면서 저에게 꿈의학교 인수인계 준비 작업을 해달라고 하셨습니다.

그렇게 인수 준비에 착수하고 2002년 새해가 되자마자 서울 논현동으로 가서 끝없는 회의가 이어졌습니다. 당시 인수위원장이자 1대 교장 선생님이신 의로운님과 많은 이야기를 하며 하나하나씩 준비하였습니다.

새롭게 학교를 시작하려면 학교를 세울 땅이 있어야 했습니다. 2002년 1월 3일, 지금 꿈의학교가 있는 바로 이곳 서산시 대산읍 영탑리로 향했습니다. 그 당시에는 서해안 고속도로도 제대로 안 뚫려 있었는데 고속도로를 나와서도 한참 꼬불꼬불한 시골길을 1시간 달려 도착했습니다.

처음 봤을 때는 말 그대로 척박한 땅이었습니다. 정말 아무것도 없는 허허벌판에 지금의 도서관 건물과 샬롬 하우스 건물만 있었습니다. 당시 사랑의 공동체에서 근무하시던 수락하는님과 샬롬님이 함께 오셔서 "여기다가 학교를 세울까요?", "교실이 몇 개 필요합니까?"라고 물어보셨습니다. 그때는 학교를 빨리 세워야 하니까 질문하시는 대로 계속 답변했던 기억이 납니다.

학교 일정상 3월에는 개교를 해야 했는데 2달 남짓한 시간 동안 건물을 세운다는 것은 거의 불가능한 일에 가까웠습니다. 그런데 그 불가능한 일이 가능하게 되었고 현재의 체육관과 태초관 1층 건물이 두 달 만에 뚝딱 만들어졌습니다. 그렇게 매년 건물이 조금씩 조금씩 만들어졌고 20년이 지난 지금은 아름다운 하나의 캠퍼스가 자리잡게 되었습니다.

꿈의학교는 지난 20년 동안 정말 많은 일들이 있었고 변화되었고 발전하고 성장했습니다. 초창기의 어려움을 일일이 다 이야기 하자면 책 한 권으로도 부족합니다. 다만 그 수많은 어려움과 문제 앞에서 하나님께서 이끄시고 함께하셨다는 것을 부인할 수 없습니다. 그리고 20년간 꿈의학교를 거쳐 간 수많은 학생, 교사, 학부모가 모두 꿈의학교 역사의 증인이십니다.

서산에 꿈의학교가 세워지고 지금 이 자리에 제가 있는 것은 하나님의 무한한 은혜이기에 하나님께 감사입니다. 20년을 돌아보며 제가 생각하는 꿈의학교는 '광야 같은 학교'라는 것입니다. 하나님께서 이스라엘 민족을 애굽에서 이끌어 내셔서 광야에서 훈련시키셨듯이 이곳 꿈의학교에서 학생과 학부모, 교사 모두를 부르시고 하나님의 백성으로 그리고 하나님의 사람으로 훈련시키신다고 믿습니다. 지금까지도 그랬고 앞으로도 우리를 하나님 나라 백성으로 훈련시키실 하나님을 기대합니다.

아가피아 꿈의학교 시절에는 학생 선발캠프도 3주 동안 진행된 적이 있습니다. 지금은 2박 3일로 축소됐지만 그때는 얼마나 인내를 갖추었는지, 강한 마음을 가지고 있는지 등을 확인하기 위해 이틀 금식도 하고 금식한 후에는 30km 행군을 통해 극한 고난도 경험하게 했습니다. 그때 아이들은 불만이 튀어나오기 마련입니다. 하지만 놀랍게도 그 순간 감사를 고백하는 친구들도 있었습니다. 이런 훈련이 필요한 이유는 실제 학교에 입학하게 되면 함께 기숙생활을 하는 것이 쉽지 않기 때문입니다. 더불어 하나님의 사람으로 크리스천 리더를 키워서 세상에 선한 영향력을 미치고자 하였기에 동기부여를 하고 강하게 훈련시켰던 것입니다.

현재 꿈의학교 중등교육과정에서는 '통합독서교육과정'으로 아이들을 가르치고 있습니다. 이 교육과정을 처음에 한다고 했을 때 저는 매우 반가웠습니다. 왜냐하면 초기 아가피아 꿈의학교의 교육과정과 많이 유사했기 때문입니다. 그리고 과거에 이 교육과정의 성공사례를 직접 눈으로 경험했기에 기쁨을 감출 수 없었습니다.

하지만 넘어야 될 산도 있었습니다. 바로 부모님들의 불안입니다. 교육의 결과가 대학입시로만 점철되는 것은 아니지만 100% 완벽한 교육법은 없기에 이 또한 우리의 한계점으로 받아들이기로 했습니다. 사실 아이들은 어렸을 때 기본기가 탄탄하게 훈련되면 무엇이든 할 수 있는 역량을 갖추게 됩니다. 대학 입시도 어떻게 보면 시험을 위한 문제풀이이기 때문에 딱 1년만 준비한다면 아이들은 언제든 뚫고 나갈 수 있음을 저는 확신합니다.

그렇게 기존 교육의 한계점을 보완하며 교과를 재편성했고 시행착오를 거쳐 지금의 균형 잡힌 꿈의학교 교육과정이 되었습니다. 그래서 한편으로는 아가피아 때는 막 시작했던 시기였기에 열정도 넘치고 야성이 있었다면 현재 꿈의학교는 규모, 생활, 교육면에서 안정화가 되었다는 차이가 있습니다.

초기 아가피아 꿈의학교의 가장 특별했던 점은 '독서학교'로 시작했다는 것입니다. 책을 가지고 모든 것을 할 수 있다고 믿었고 실제로 그렇게 교육했습니다. 예를 들어, 영어를 공부한다고 하면 영어와 관련된 서적을 교보문고에 가서 150~200권 정도 책을 구입하여 아이들과 함께 영어책을 주구장창 읽었습니다. 그중에서 가장 좋은 학습법이 무엇인지를 확인하기 위해 교사와 학생이 함께 이야기하면서 "이거 해보자.", "저거 해보자." 이것저것 시도했습니다. 그중에 생각나는 영어 학습법은 '통암기법'이었습니다. 어른들은 불가능하지만 아이들은 가능했다는 것이 가장 큰 발견이었습니다.

기억에 남는 수업은 '자서전 학습'이라는 수업입니다. 미래를 설계하고 공부 방법을 연구하며 동기부여를 하는 수업이었습니다. 별것 아닌 것처럼 보이지만 상당한 효과가 있었습니다. 누구에게나 마찬가지지만 특히 공부에 있어서 학생들에게 동기부여는 참 중요하기 때문입니다.

'지도력 훈련'이라는 수업도 잊지 못할 수업 중 하나입니다. 여러 훈련을 통해 고난이 곧 나의 스승이고, 시험이 나를 단련시킨다는 것을 일깨워 주는 수업입니다. 크리스천 리더 한 사람만 제대로 세워지면 그 리더로 인해 많은 선한 영향력을 끼칠 수 있다는 것을 증명할 수 있게끔 하는 것이 모토였고 그래서 학생들을 강하게 훈련시켰습니다. 그 지도력 훈련이 지금 꿈의학교에서 진행하는 국토사랑행진입니다. 매년 5박 6일간 100km 이상을 전교생과 교사들과 졸업생 TA들이 함께 참여하는 훈련으로 발전되었습니다. 참으로 엄청난 에너지와 재정과 열정이 들어가는 쉽지 않은 훈련이지만 그럼에도 불구하고 혼자서 할 수 없는 일들을 함께하면서 서로 협력하고 배려하는 법, 함께하면 해낼 수 있다는 것 등 엄청난 것들을 이 훈련을 통해 배우고 또 실천합니다.

또 하나 겨울방학 때 진행되는 단기선교는 국토사랑행진과 더불어 꿈의학교에서 배운 것들을 직접 실천하는 중요한 과정이라고 생각합니다. 배움에는 직접경험을 통한 배움과 책과 강의를 통한 간접경험이 있는데, 그중에서도 직접경험은 매우 강력한 배움이기 때문입니다. 꿈의학교 내에서 배운 것들을 실천할 장이 반드시 필요합니다. 교내에서 머리로만 지식을 배우고 끝나는 것이 아니라 배운 것을 꼭 실천하며 풀어내야 진정한 배움이 되고 내면에서 내 것이 되어 졸업 후에 다시 실천하는 삶을 살 수 있기 때문입니다. 하여 지난 2년간 코로나19로 인해 단기선교나 국토사랑행진을 진행하지 못한 것은 배우고 실천해야 할 장이 없어졌다는 점에서 매우 아쉬운 부분입니다.

그런 의미에서 기숙학교인 꿈의학교의 삶을 통한 배움은 매우 강력한 배움입니다. 생활관에서 다른 사람들과 함께 살아간다는 것은 지식과 머리만으로 배울 수 없는 것들을 직접 경험하며 배우기 때문입니다. 물론 생활관에서의 생활이 처음부터 좋은 점만 있는 것은 아닙니다. 학생들이 서로 성장하는 시기이기 때문에 아직 미숙하기도 하고 어려움을 겪기도 합니다. 그러나 더 중요한 것은 문제를 해결해 나가는 방법을 배운다는 것입니다. 꿈의학교가 천국은 아닙니다. 분명 문제도 존재하고 어려움도 있지만 해결해 나가는 방법은 다양하다고 생각합니다. 그 방법은 성경이 기준이 되고 하나님께 묻고 해결해 가는 방식이며, 이러한 방식을 꿈의학교 공동체에 속한 주체인 학생, 학부모, 교사 모두가 배워 간다고 생각합니다.

교사 생활을 하다보면 가장 기억에 남는 것은 학생들의 변화된 모습을 경험하는 것입니다. 가끔 졸업생들 사는 이야기를 듣게 되는데, 1999년 제가 처음 맡았던 7명의 학생들 중 어려운 친구가 한 명 있었습니다. 그 한 녀석이 선생님들 에너지의 90%를 쓰게 했다고 해도 과언이 아니었는데 최근 그 친구 사는 이야기를 들었습니다. 그 친구가 이 글을 볼지 안 볼지 모르지만 주변에 좋은 영향력을 미치며 아주 잘 살고 있다는 이야기를 들었을 때 저는 너무 행복했습니다.

앞으로 꿈의학교는...

저에게 꿈의학교는 '공동체'입니다. 처음 아가피아로 시작할 때도 공동체에 속했고 현재도 하나님 나라를 위한 공동체를 이루며 살고 있습니다. 하나님의 사람으로서 좋은 영향력을 미치는 것도 결국은 공동체 의식에서 시작되는 것이라고 생각합니다. 하나님 나라 교육 운동 확장에 제가 함께 할 수 있어서 너무 감사합니다. 꿈의학교는 인생으로 보면 이제 20년을 맞이하는 청년의 시대에 접어들었습니다. 과거를 통해 미래를 볼 수 있는 안목이 역사의식인데 아가피아 꿈의학교가 있었기에 지금의 꿈의학교도 있습니다. 처음에 시작했던 독서교육의 틀을 잘 수용하여 교육 시스템을 구축했고 전 국민이 이용할 수 있는 리딩레이스도 만들며 점점 확장해나간 것이 곧 하나님 나라 교육 운동의 확장이라고 생각합니다.

앞으로 꿈의학교는 하나의 교육 공동체로서 현재 함께하고 있는 재학생, 졸업생, 학부모, 교사뿐만 아니라 더 넓은 교육네트워크의 역할을 충분히 감당할 수 있는 학교가 되면 좋겠습니다. 우리가 이미 가지고 있는 콘텐츠들이 너무 많습니다. 지금까지 잘 감당해 왔기에 선생님들도 역량을 키울 수 있었고, 선생님들이 은퇴 후에도 국내외에서 평생 교육의 형태든 각종 다양한 캠프의 형태든 교육 영역에서 쓰임 받으면 좋겠습니다. 또한 교육이 잘 뻗어나가기 위해서는 우리 꿈의학교가 중심역할을 잘 감당하길 바랍니다. 지금은 중고등학교이지만 초창기에 유치원부터 대학원, 이후 평생교육까지 연결되는 교육 공동체를 꿈꾸었습니다. 앞으로 20년 후에는 대학 뿐만 아니라, 독서프로그램을 통한 방과 후 학교와 각종 캠프(성경, 독서, 문학, 영어, 중국어, 리더십 등) 도 전국적으로 하는 하나님이 보시기에 아름다운 교육공동체로서의 꿈의학교가 되길 소망합니다.

꿈의학교 1.0
'성장의 시대'

[소개] 제1대 교장 의로운 **김의환**

2002~2014년 꿈의학교 1대 교장으로 꿈의학교 설립에서부터 약 13년간 함께했다. 퇴직 후 현재는 우간다 쿠미대학교 이사장이자 ㈜이롬플러스의 부회장으로 하나님의 부르심에 순종하며 하나님 나라 확장을 위해 힘쓰고 있다.

하나님의 꿈 _ 꿈의학교

꿈의학교 준비 과정에서부터 함께하게 됐는데, 벌써 개교한 지

20년이 지났다니 감회가 새롭습니다. 2002년 꿈의학교가 개교하기 전, 전신인 아가페아 꿈의학교에 제 딸이 재학 중이었고 저는 당시 학부모 대표였습니다. 학부모 대표로서 열심히 활동하며 지내던 중 어느 날 학교가 문을 닫게 되었다는 소식을 들었습니다. 당시 학교에 60명의 학생들이 있었는데 어떻게든 수습은 해야 했고, 지금의 이사장이신 황성주 박사님이 많은 기도와 고민 끝에 학교를 인수하기로 결정하셨습니다. 그때 황 박사님도 자녀들을 아가페아 꿈의학교에 보낸 학부모 중 한 분이었습니다.

학교를 세울 곳을 알아보던 중, 지금의 꿈의학교가 있는 서산 영탑리가 후보에 올랐습니다. 이곳은 원래 암 환자들을 위한 힐링 센터로 사용되고 있었는데, 수습하는 과정에서 이곳이 학교를 세우기에 적절한 곳이라 판단되어 지금의 꿈의학교가 태어난 것입니다. 학교가 다시 세워지려는 움직임에 당장의 폐교 위기에서는 벗어났지만, 앞으로 학교 운영을 책임질 교장 초빙에 어려움을 겪었습니다. 수소문을 통해 교장으로 은퇴하신 분들을 방방곡곡 찾아다녔지만 어렵게 다시 시작하는 학교를 흔쾌히 맡아 주실 분은 없었습니다. 그 당시만 해도 이 학교가 소생할 가능성이 거의 없어 보였기 때문이지요.

그런데 수습하는 모든 과정을 지켜보신 학부모님들과 이사님들이 제가 적격자라며 만장일치로 저를 초대 교장으로 추천하셨습니다. 당연히 처음에는 거절했습니다. 그때 저는 건강도 좋지 않고 교사 출신도 아닌데다가 교육계에서 일해 본 경험이 없었기 때문입니다. 하지만 결국에는 하나님의 강권적인 인도하심으로 제가 교장을 맡게 되었습니다. 지금 생각해보면 합력하여 선을 이루어 가시는 하나님의 계획이 있었던 것 같습니다.

인수를 하는 과정에도 어려움이 많았습니다. 재학생 60명 중에 36명만 학교에 오겠다고 했고, 나머지 24명의 학부모님은 입학 당시에 냈던 기부금을 돌려 달라며 소송을 하고 있는 상황이었습니다. 뜨거운 감자를 안게 된 그때의 어려움은 이루 다 말로 표현할 수 없습니다.

학교를 운영하면서 겪은 어려움은 많았지만 대표적인 두 가지 어려움에 대해 나누고자 합니다. 첫 번째로, '비전의 충돌'입니다. 학교를 시작할 때의 비전은 '인격과 비전과 실력을 겸비한 하나님의 사람을 키우는 것'이었습니다. 그런데 시간이 지나면서 학부모님들의 요구가 점점 거세졌습니다.

"하나님의 사람으로 키우려면 명문대에 보내야 하는 것 아닙니까?"

"왜 수능 공부 안 시켜 줍니까?"

비전의 충돌은 어찌 보면 영적 전쟁이라고 볼 수 있습니다. 시대가 돈을 추구하고 높은 자리에 오르는 것을 선망할 때 어떻게 보면 우리는 세상과 반대되는 어리석은 삶을 살고 있는 것처럼 보일 수도 있기 때문입니다. 하지만 학교를 시작하는 중요한 시기부터 비전이 깨지고 믿음이 흔들린다면 학교가 풍비박산 나는 것은 시간문제라고 생각했습니다. 그래서 결단했습니다.

"학교 비전에 동참하는 분만 남아주세요."

안타깝게도 많은 부모님들이 자녀를 데리고 나갔고 아주 우수한 학생들도 학교를 많이 떠났습니다. 결국 수습되긴 했지만 학생이 있어야 학교를 운영할 수 있기에 그 책임을 갖고 있는 교장으로서는 어깨가 너무 무거웠습니다. 학생들이 줄어드니 학교 경영도 어려워져 모두들 고생을 했습니다. 하지만 그때 학교의 비전을 바로 세웠던 것이 오늘의 꿈의학교를 있게 한 원동력이 된 것이라 믿으며 감사하게 생각하고 있습니다.

학교를 시작하면서 겪은 두 번째 어려움은 행정적인 문제였습니다. 학생을 모집하기 위해 꿈의학교 들어오는 마을 입구인 영탑리 길목에 '축 꿈의학교 개교, 신입생 입학'이란 현수막을 붙였습니다. 오로지 학교를 홍보하겠다는 생각으로 한 일이었는데, 며칠 후 교육청에서 달려왔습니다. "누구 마음대로 학교라는 이름을 쓰냐?"하며 불법을 저지른 사람으로 찍혀 경찰에도 여러 번 불려갔습니다. 인가를 받지 못한 학교로서 톡톡히 서러움을 받던 시절이었습니다. 죄인취급을 당하며 하루하루 피가 말랐지만 이 또한 지나가리라 믿고 기도하며 견뎌냈습니다.

꿈의학교를 이야기할 때 '선교자원의 못자리판'이라는 말을 많이 합니다. 저는 이 말이 참 좋습니다. 선교자원들이 자라나 전 세계 여기저기에 뿌려지면 그게 곧 하나님 나라가 확장되는 것이기에 저는 이 말을 들으면 가슴이 설렙니다.

꿈의학교는 삶으로 보여주는 교육을 해야 한다고 생각했기에 함께 살며 공동체 마을을 이루어 갔습니다. 교사와 학생들이 같이 살아가면서 서로의 가슴 속에 믿음이 싹트고 사랑이 싹트는 공동체가 되었습니다. 그래서 저는 꿈의학교는 '사랑으로 함께 살아가는 기독교 공동체'라는 비전을 한 번도 잊어본 적이 없습니다.

성경에서 말하는 하나님 사랑, 이웃 사랑을 실천하기 위한 노력도 마다하지 않았습니다. 작게는 우리 마을부터 직장, 사회, 나라로 확장되어가는 나라 사랑의 정신을 잊지 않기 위해 다양한 활동을 했는데 가장 대표적인 것이 '국토사랑행진'입니다. 국토사랑행진의 영감은 『덴마크 부흥기』라는 책을 통해 얻었습니다. 그룬트비히 목사와 달가스 대령이 완전히 피폐된 나라를 다시 세울 때 나라 사랑의 정신으로 국토대행진, 합창대회 등을 했다는 것에 1차적 영감을 받았고, 우리나라에서 그분들의 뜻을 받들어 김용기 장로님이 1962년 '가나안농군학교'를 세웠다는 것에 2차적 영감을 받았습니다. 제가 가나안농군학교를 방문했을 때 정문 앞 커다란 바위에 쓰여진 여덟 글자가 충격으로 다가왔는데, 바로 '조국이여 안심하라'라는 문구였습니다. 이보다 더 확실한 메시지가 어디 있을까요? 기도하고 헌신하고 목숨을 바치겠다는 이 비전에 감동받아, 우리 학교에서도 국토사랑행진, 합창대회 같은 행사를 시작하게 되었습니다. 그것이 곧 하나님 사랑, 이웃 사랑을 실천하기 위한 출발이라고 생각했기 때문입니다.

학교가 조금씩 안정화되어 자리가 잡혀갈 때, 또 한 번 생사의 기로에 놓였던 사건이 발생했습니다. 2009년 8월 어느 날, 그때 저는 기독교대안학교연맹에서 꿈의학교 교장으로서 중요한 발표를 하고 있었는데 주머니에서 끊임없이 휴대폰이 울렸습니다. 그리고 한 학생이 체험학습을 가서 사고를 당했다는 비보를 들었습니다. 그 학생이 '고귀한 강성재'군입니다. 저는 그때 피가 거꾸로 도는 것 같은 충격에 무엇을 어떻게 해야 할지 아무 생각이 나지 않았습니다. 사람이 죽었는데 무슨 할 말이 있겠습니까? 그것도 사랑하는 제자가 죽었다는데 말이죠.

저는 그때 '여기가 끝이구나.' 하고 생각했고 모든 것을 내려놓을 준비를 했습니다. 하지만 이 사건은 꿈의학교를 사랑하시는 하나님의 섬세한 개입이 있었다고 밖에 설명을 못하겠습니다. 장례식을 마친 후 학부모 회의에 참석하신 고귀한님 어머니께서 하신 말씀이 지금도 생생하게 기억에 남아 있습니다.

"우리 아이는 학교의 불찰로 죽은 것이 결코 아닙니다. 학교를 원망하지 않습니다. 하나님의 때와 사람의 때가 있는데, 우리 성재는 하나님의 때에 하나님이 부르셔서 갔습니다. 저는 그렇게 믿습니다. 왜냐하면 짧은 기간이었지만 성재가 꿈의학교에서 정말 행복해했거든요."

가슴으로 뱉어낸 어머니의 한 마디 한 마디가 그곳에 있었던 모든 분들을 숙연하게 만들었습니다. 위기의 순간을 넘어 공동체가 다시 새롭게 태어나는 시간이었습니다.

아찔했던 순간이 또 생각납니다. 우간다 단기선교를 마치고 귀국한 한 여학생이 말라리아에 걸려 위기를 겪은 일이 있었습니다. 그 스토리도 너무 길어 다 설명드릴 수는 없지만, 따스한님이 고난 속에서 하나님의 사랑을 깊이 체험하고 아름다운 하나님의 사람으로 성장했다는 소식을 듣고 있습니다.

꿈의학교는 참 파란만장한 세월을 보냈습니다. 그래도 지금까지 꿈의학교가 이렇게 굳건하게 서 있다는 것, 20주년을 맞이했다는 것이 감격스럽고, 감사합니다.

꿈의학교를 생각하면 감사한 분들이 참 많습니다. 먼저, 우리 선생님들입니다. 2002년에 학교가 세워졌지만, 숙소도 제대로 없고 월급도 적은 시골 대안학교에 선생님을 모시는 일은 참 쉽지 않은 일이었습니다. 그러나 "하나님의 사람들을 키우겠다."는 꿈 하나로 세상의 가치를 포기하신 분들이 있었기에 오늘의 꿈의학교가 있는 것이라 믿습니다. '학교의 수준은 곧 선생님들의 수준'이란 말이 있습니다. 하나님은 방방곡곡에서 꿈의학교에 꼭 필요한 분들을 많이 보내주셨습니다. 함께 기도하고 울고 웃으며 삶을 나눈 선생님들의 존재가 참으로 감사합니다.

또 감사한 분들은 학부모님들입니다. 간절한 기도로, 물질로 후원해주시는 많은 학부모님들이 계시기에 우리 학교가 성장할 수 있었습니다. 현재의 여자생활관인 킹덤드림센터를 지을 때만 해도 우리에게는 돈이 없었습니다. 거의 30억 가까이 필요했는데, 3분의 2 이상은 학부모님들의 후원으로 2009년에 세워지게 된 것입니다. 그때도 지금만큼이나 경기가 어려웠던 시절이었는데 학부모님들이 자발적으로 모금 운동을 펼치셨습니다. 지금도 아버님들의 이름이 기억납니다. 졸업생 치료하는 아버지 한의상 님, 졸업생 깃발&금사과 아버지 고 최해광 님, 졸업생 파란&하얀 아버지 권용선 님 외에도 헌신적으로 학교를 섬겨주신 수많은 부모님들이 있었기에 오늘의 여학생 생활관이 있는 것이지요. 대안학교 역사상 이런 일이 참 드물 텐데, 학부모님들이 일심동체가 되어 세운 건물이기에 더욱 뜻깊습니다.

교사로서 보람 있는 순간도 많이 있었습니다. 말썽꾸러기, 골칫거리라는 수식어가 아까울 정도로 우리를 힘들게 했던 학생들이 꽤 있었습니다. 그중 기억에 남는 한 학생이 있는데 계속 자해 행위를 하며 주변 친구들과 선생님을 힘들게 했습니다. 우여곡절 끝에 겨우 졸업해 미국으로 유학을 갔습니다. 세월이 흘러 어느 날, 그 학생이 교장실로 찾아왔습니다. "학교가 너무 그리워서 공항에서 바로 학교로 왔습니다."라며 선물이라고 볼펜을 주는데 제 가슴이 뭉클해졌습니다.

퇴직 후에는, 한동대와 쿠미대 MOU 체결을 위해 한동대를 방문한 적이 있었습니다. 졸업생 가꾸는님(양진아)이 저를 꼭 만나야 한다고 하면서, 그 학교에 있는 제자들을 다 소집했더군요. 같이 밥도 먹고 예배를 드렸는데, 마지막에 봉투 하나를 내밀었습니다. 대학생들이 돈도 없을 텐데 호주머니를 털어 선교헌금이라고 모아서 건네

주는 데 코끝이 시큰해지더군요.

　2014년 초까지 공식적으로 꿈의학교 교장 일을 마친 후, 퇴직을 앞두고 교육자로서 지나온 꿈의학교 시절과 앞으로의 내 삶에 대해 깊이 생각하게 되었습니다. 월요 훈화 때마다 이야기했던 핵심, 내가 무엇을 많이 떠들었나 생각해보니 '선교의 삶'에 대해 많이 이야기했더군요. 제자는 선생님의 뒷모습을 보고 자란다는 말이 있지요? 내가 가르친 대로 사는 것이 교육이라는 생각을 하게 되었고, 선교사의 길을 가거나 선교적 삶을 사는 교육자의 모델이 되어야겠다고 마음먹었습니다.

　저는 하와이로 가서 하나님의 음성을 듣는 법을 훈련하기로 마음먹고 준비를 했습니다. 그런데 하나님의 계획은 달랐습니다. 황 박사님이 하와이 DTS보다 더 좋은 곳이 있는데, 그곳이 우간다라고 하시며 쿠미대학교에 한 번 가보기를 권하셨습니다. 쿠미대학교를 탐방한 후 보고서에 썼던 첫 문장은 "이 학교를 맡는 일은 월남전에 개입하는 것과 같습니다."라는 문구였습니다. 10여 년 전 뜨거운 감자를 안았던 꿈의학교의 모습이 오버랩 되었던 것이지요. 우간다에서도 가장 가난한 지역에 있는 이미 다 기울어진 학교를 다시 일으켜 세운다는 것은 불가능에 가까운 일이란 생각이 들었습니다. 그러나 황 박사님은 "이미 챈슬러 수락을 했고, 하나님이 이 일을 우리에게 맡기시는 것 같다."라는 답변을 주셨고, 저는 선교훈련을 마치고 바로 기독교 종합대학 쿠미대학교 이사장직을 맡아 우간다로 가게 되었습니다.

쿠미대학교에서 처음 한 일은 산산조각난 학교를 다시 일으키는 것이었습니다. 최대의 난제는 우간다 현지 교수진들과 한국 운영진들 간의 불신이었습니다. 거의 전쟁터와 같은 살벌한 분위기 속에서 "여기서 순교할 각오를 해야겠구나."라는 비장한 마음이 생기더군요. 기도하지 않을 수 없는 시간이었죠. 이 일은 하나님이 개입하셔야 한다고 마음속으로 부르짖었습니다. 마치 꿈의학교에서처럼 말이죠.

그렇게 어려운 시간이 지나고 쿠미대학은 아직도 가난하지만, 이전에 비해선 꽤 안정된 학교가 되었습니다. 현지인들과 한국 리더십 간의 갈등도 사라지고, "서로가 한 배에 탔다."라는 인식을 하고 돕는 관계로 발전했지요. 한국에서 귀한 동역자들이 모여들었고, 250명으로 시작했던 학생 수는 곧 1,500명이 훌쩍 넘었습니다. 그런데 감사한 것은 전교생 중 절반이 '교육학부' 학생들이란 것입니다. 아프리카의 남하하는 이슬람이 우간다로 세력을 확장해 들어오는 전초 기지에 쿠미대학이 있습니다. 그 지역 곳곳의 학교에 우리 사범대 졸업생들이 배치되어 수많은 어린 학생들을 가르치고 있습니다. 무슬림이 확장되는 곳에서 영적전쟁을 하고 있는 것이지요.

우간다 주변국인 남수단, 브룬디, 르완다 등이 내전 중에 있어 우간다에 엄청난 숫자의 난민들이 들어와 있습니다. 우리 학교는 난민 캠프에 가서 똑똑한 학생들을 뽑아 그들을 장학금으로 가르치고 있습니다. 전쟁이 끝나면 본국으로 돌아가 nation-builder가 될 재목들을 가르치는 일! 얼마나 가슴 뛰는 일인지 모릅니다.

저는 올해 72세가 되었습니다. 지난 시간 돌아보면 고비고비 고난이 많았지만, 그 고난이 기쁨에 넘치는 고난이었다는 생각을 합니다. 꿈의학교 1대 교장으로 10년을 넘게 일했지만, 이루지 못한 것들도 많아서 한편으로는 아쉽습니다. 하지만 이 영역은 우리 후배들과 제자들의 몫이기에 저는 멀리서 기도로 후원하려 합니다. 꿈의학교! 지금까지 잘 견뎌주고, 잘 자라주어 너무나 고맙습니다.

앞으로 꿈의학교는...

꿈의학교는 저에게 '소명을 발견하게 해준 곳'입니다. 꿈의학교를 시작할 때가 쉰 살이었는데, 어떻게 보면 늦은 나이였지만 '교사로서 가르치는 것이 나의 은사일 수도 있겠구나!'란 생각도 했습니다. 하루하루 가슴이 뛰는 경험을 한 곳이기도 합니다.

여러분은 모닥불을 피워본 경험이 있으십니까? 재만 남은 화로에 아무것도 없는 것 같지만 모닥불을 피울 때 아주 조그마한 불씨가 남아있는 경우가 있습니다. 조그마한 불씨에 나뭇잎이나 얇은 가지를 넣으면 연기가 뿌옇게 올라오고 불쏘시개가 생깁니다. 불쏘시개의 사전적 정의는 '불을 때거나 피울 적에 불이 쉽게 옮겨 붙게 하기 위해 먼저 태우는 물건', 즉 '중요한 일이 잘 되기 위해 먼저 필요한 것'을 비유적으로 이르는 말입니다. 하나님 나라가 확장되려면 성령의 불쏘시개 같은 사람이 필요합니다. 이 세상은 점점 분열되고 개

인주의가 심해집니다. 메타버스나 AI 같은 최첨단 시대도 오고 있습니다. 앞으로 다음 세대가 살아갈 세상은 불쏘시개가 존재하기 어렵고 자칫하면 기독교가 점점 사라질 수도 있습니다. 그럼 우리가 진짜 추구해야 할 것은 무엇일까요? 세상의 흐름에 뒤처지지 않게 따라가는 것도 필요하지만 '서로 사랑하는 마음을 잃지 않는 것'이 중요합니다. 점점 더 어려워지는 세상 속에서 성령의 불쏘시개들을 키워내는 꿈의학교가 되면 좋겠습니다.

더 나아가 세계 곳곳에 꿈의학교 같은 학교가 세워지기 바랍니다. 저도 그 사역에 동참하고 싶습니다. 성경에 나오는 다니엘 한 사람으로 인해 그 나라의 역사가 바뀌었습니다. 그런데 다른 건 다 바뀌어도 다니엘이 하나님을 붙잡고 있다는 것은 변하지 않습니다. 꿈의학교도 다니엘과 같은 사람이 길러져 하나님 나라의 역사가 펼쳐지고 이어지는 데 큰 몫을 감당하게 되기를 간절히 바랍니다.

은혜를 경험하는
'캐나다 연수'

[소개] DCI director 제이미 **박소영**

DCI(Dream Canada International)에서 20년 째 꿈의학교 학생들의 캐나다 연수 프로그램 교육을 담당하고 현지 코디네이터 선생님으로 섬기고 있다. 학교 초창기부터 진행된 캐나다 연수 프로그램은 코로나로 인해 2년간 잠시 멈췄지만, 2022년부터 재개되어 은혜 가운데 프로그램이 진행되고 있다.

캐나다 연수 프로그램

캐나다 연수 프로그램하면 가장 먼저 떠오르는 단어는 '은혜 (Grace)'입니다. 그리고 이 단어는 제가 아이들에게 가장 전달해 주고 싶은 것 중 하나입니다.

제가 처음 캐나다 연수 프로그램에 참여한 계기를 설명 드리자면 과거로 거슬러 올라가야 할 것 같습니다. 친정 어머니께서 통역이 필요하다고 하셔서 한국으로 오게 되었고, 이후 한국에서 결혼하고 통역 일을 하다 보니 자연스레 아이들과 친해지게 되었습니다. 그렇게 꿈의학교와의 인연도 시작되었고, 캐나다에 살며 매년 15살 먹은 꿈의학교 학생들이 연수를 오고 있습니다. 아이들이 캐나다로 오면 전적으로 저와 DCI 선생님들이 담당하고 계시는데, 그 인연이 지금까지 이어지게 되었습니다.

DCI의 가장 현실적인 교육 목적은 '영어를 배우는 것'입니다. 그리고 그 다음으로 중요한 목적은 '하나님과의 영성을 회복하는 것'입니다. 캐나다에서 지내는 아이들은 약 5개월 반 동안 부모님과 떨어져 새로운 환경에서 시간을 보내게 됩니다. 이때야말로 독립적으로 하나님을 만날 수 있는 기회가 되는데, 이 부분이 아마 중요한 목적 중 하나이지 아닐까 싶습니다.

저희 학교는 규모는 작지만 헌신적인 선생님들이 많이 계십니다. 영어 실력이 출중한 건 기본이고 아이들을 섬기고 싶은 선생님들이 함께 모여 있는 하나의 공동체입니다. 그리고 캐나다 연수 프로그램 하면 빼놓을 수 없는 부분이 바로 호스트 가정들입니다. 저희는 호스트 가정을 선정할 때도 체계적으로 뽑는데, 직접 만나 인터뷰도 하고 추천서도 꼼꼼히 확인합니다. 지금은 오랜 기간 동안 호스트 가정으로 섬겨주신 가정이 많지만 약 5개월 간 가족으로 맞이하게 될 아이들과 함께 지내야 하기 때문에 호스트 선정이나 매칭 과정에 있어서도 많은 신경을 쓰고 있습니다.

다행히 호스트 가정들도 저희 꿈의학교 학생들이 너무 좋다고 칭찬해주시고 단순히 재미로 하는 게 아니라 최대한 잘 섬겨 주시려고 노력합니다. 하지만, 아무래도 질풍노도의 시기에 있는 아이들을 데리고 사는 게 쉽지 않기에 어려움을 겪을 때도 있습니다. 예를 들어, 아이들은 한창 클 시기라 늘 배고파하는데 먹어도 부족한 경우가 있어 음식을 가지고도 싸울 때가 있습니다. 그럴 때는 참 난감합니다. 하지만 이런 부분 또한 아이들과 호스트 가정의 부모님이 맞춰가야 되는 부분입니다. 힘들었던 과정 속에서 부딪혀 나가는 아이들이 오히려 그로 인해 더 영어로 의사표현도 하게 되고 성품이 한 단계 성장하는 것을 옆에서 많이 지켜보게 되었습니다.

학생들은 비교적 어린 나이에 캐나다로 오기 때문에 영어를 배우고 한국으로 돌아가면 다시 꿈의학교 정규과정 속에서 교육을 받게 됩니다. 아무래도 교육과정 자체가 연계선상에 있기에 아이들은 일반 학교의 학생들보다 어쩌면 좀 더 차별화된 교육을 받고 있다고 할 수 있습니다.

DCI의 주요 프로그램으로는 수준별 영어교육, 기독교 교육, 한국 수학, 다양한 야외활동 등이 있습니다. 일단 제일 중요한 것은 영어를 배우는 것인데 환경 자체가 영어 실력이 늘 수밖에 없는 곳입니다. 때문에 영어 실력이 상당히 향상되어 가장 큰 교육 목표를 달성하게 되며, 그 안에서 다양한 활동이나 체험을 통해 새로운 환경에 도전하고 견문을 넓힐 수 있는 경험을 할 수 있습니다.

캐나다 연수 프로그램을 20년 가까이 진행하면서 일어났던 일은 너무나 많습니다. 그중에 가장 기억에 남는 에피소드를 떠올려본다면, 반항적인 아이들이 많이 들어와 힘들었던 해가 기억납니다. 학생들은 흔히들 말하는 '중2병'이 한창 왕성할 때 캐나다로 오기 때문에 늘 각오는 하고 있지만, 특별히 그 해에는 반항적인 기질을 갖고 있는 남학생들이 선생님들을 힘들게 했던 일이 떠오릅니다. 연수를 마칠 때 쯤 한국으로 들어갈 때까지도 쉽지만은 않은 여정이었고 자칫하면 한국에 못 들어갈 뻔 한 상황도 있었지만 결국 귀국행 비행기에 올랐고 비행기 안에 와서 하는 말이 "선생님, 하나님은 정말 살아계신 것 같아요."라고 말한 것이 아직도 기억에 남습니다.

캐나다에 있을 때도 아이들은 매일 말씀을 묵상하고 예배를 드립니다. 하루는 한 학생이 "한국에서 설교를 들었을 때는 별 느낌이 없었는데, 캐나다에 와서 그 말씀을 들으니 그분들의 이야기가 너무와 닿아요."라고 말한 적이 있습니다. 사실 저희가 추구하는 교육 중 하나는 삶을 통해 아이들에게 그리스도인의 모습을 보여주는 것이었습니다. 그래서 이 말을 들었을 때 뭔가 그 마음이 전달된 것 같아서 한편으로는 제 마음에 깊은 울림을 주었던 것 같습니다.

이야기하다보니 기억나는 게 한두 가지가 아니네요. 참 많은 일들이 있었다는 것을 새삼 깨닫습니다. 예전에 일본 학생들이 한국 학생들에게 사과했었던 일도 떠오르는데요. 역사 속에서 일본이 한국에게 했던 일에 대해 정말 미안하다고 사과했습니다. 사건의 전말은 일본 학생들이 역사를 배울 때, 한국의 입장에서 배운 적이 없으니 왜 일본 사람들과 한국 사람들이 서로 부딪히는지 잘 몰랐다고 했습니다. 하지만 이번 기회를 통해 알게 되었고, 마침 3명의 일본 학생들이 크리스천이라서 예배시간에 먼저 미안하다고 사과하고 싶다고 말했습니다. 그래서 저희 한국 학생들을 향해 사과했는데 한국 학생들도 당연하다는 듯이 받아들이는 것이 아니라 사과해 주어서 고맙다고 반응을 해주었습니다. 캐나다라는 나라에서 일본 학생과 한국 학생들이 만난 것도 신기한데, 역사에 대해 서로 사과하고 용서하는 일이 흔히 볼 수 없는 장면이었고 참 뜻깊은 일이었던 것 같습니다.

캐나다 연수 프로그램을 진행하면서 가장 어려웠던 점은 아무래도 자녀들이 어린 나이에 캐나다에 가 있기 때문에 한국에 계신 부모님들이 걱정을 많이 하신다는 것이었습니다. 하지만 반대로 아이들도 부모님들을 보지 못합니다. 만날 수 없는 상황에서 아이들은 통화로 부모님들과 소통하는 게 최선의 방법인데, 오히려 이런 시간을 통해 아이들은 현지에서 스스로 문제를 해결하고 풀어나가는 상황을 마주합니다. 부모님들도 자녀의 선택을 존중하고 기다려주지만 어떤 부모님들은 아이들 못지않게 힘들어 하시는 분들도 있습니다. 그 모습을 바라보거나 중간에서 중계해야 할 때 어려웠던 것 같습니다.

20년간 캐나다 연수 프로그램이 진행되면서 가장 보람된 순간은 연수를 통해 변화되는 아이들인 것 같습니다. 5개월이라는 시간이 길다면 길고 짧다면 짧은 시간인데 마치는 시점에 와서는 아이들이 선생님들께 감사하다고 표현할 때 가장 보람을 느끼곤 합니다.

캐나다 연수 프로그램은 많은 사람들의 도움이 있었기에 가능했다고 생각합니다. 그래서 감사한 분들이 너무 많지만 가장 감사했던 사람들은 단연 저희를 위해 기도해 주신 분들입니다. 특별히, 초창기 호스트 가정 중 '라파티' 가정이 특별히 중보기도를 해주셨는데, 저희 학교를 위해 매주 기도 모임을 할 정도로 많이 응원해 주셨습니다. 그래서 초창기 힘들었을 때 가장 감사했던 분입니다.

그리고 지금은 돌아가셨지만 저희 Dream Canada를 처음에 세우시는데 함께하셨던 댄 갈리아조 선생님이 떠오릅니다. 저희 학교에서 '걸어 다니는 성경'이라고 불릴 정도로 말씀에 굳건히 서 계셨고 저와 저희 남편이 처음 왔을 때 멘토처럼 도와주신 분입니다. 그분을 얼마나 존경했냐면 저희 큰 딸 이름을 그분의 이름을 따서 지을 정도였습니다. 안타깝게도 췌장암 투병 끝에 지금은 천국에 계시지만 그분이 있었기에 저희 학교가 있을 수 있었고, 마치 기둥같은 분이셨습니다. 실제로 학교에 있었던 학생들도 댄 갈리아조 선생님을 통해 영적으로도 긍정적인 영향을 많이 받았습니다.

지금까지의 캐나다 연수 프로그램은 하나님께서 정해주신 방향으로 나아가고자 노력했던 것 같습니다. 몇 번의 위기도 있었지만 하나님의 인도하심으로 지금까지 올 수 있었고 앞으로도 좀 더 나은 프로그램을 만들도록 노력하는 것이 중요하지 않을까 생각됩니다. 영어의 질을 높이는 것은 물론이고 저희 DCI 선생님들도 영적으로 믿음이 더욱 충만하여 아이들을 가르칠 수 있도록 최선을 다할 것입니다. 호스트 가정들도 아이들에게 신경을 쓰실 수 있도록 좀 더 체계화하고자 합니다. 그래서 안주하지 않고 계속 변화를 시도하는 DCI가 되고 싶은 소망이 있습니다.

앞으로 꿈의학교는...

저는 꿈의학교를 생각하면 '하나님을 위해 모인 공동체'라는 생각이 듭니다. 함께 모여 있는 선생님과 아이들이 마치 한가족처럼 앞으로도 쭉 그런 공동체를 이뤄나갔으면 좋겠습니다. 그리고 꿈의학교는 저의 자녀들을 키우고 싶은 학교이기도 합니다. 지금은 캐나다에 살고 있기 때문에 어렵지만 저와 같은 마음을 가진 부모님들도 많이 계실 것 같습니다. 같은 마음을 가지신 분들이 함께 모여 계속 기도하며 예수님의 세대를 키워나가는 학교가 되길 바랍니다. 그 역사 안에 제가 함께하고 있다는 사실에 감사할 따름입니다.

꿈의학교를 바라볼 때마다 참 편안한 곳이라 생각됩니다. 캐나다에 오는 재학생들을 보면 꿈의학교에서 사랑을 많이 받고 자랐다는 것을 느끼는데 그만큼 그들에게도 꿈의학교는 참 편안한 곳이라는 뜻이겠죠? 이렇게 편안한 느낌을 줄 정도면 제가 봤을 때는 꿈의학교의 모든 리더십들이 한 마음으로 아이들을 위해 섬기는 학교라는 것을 확신합니다. 앞으로도 꿈의학교가 누구에게나 편하게 느껴질 수 있도록 이 느낌 그대로 계속 유지해 나가면 좋을 것 같습니다.

동북아 시대를 준비하는
'중국 연수'

[소개] 꿈사랑 **권경희**

2005년부터 2020년까지 16년간 꿈의학교 중국어 교사로 재직하였다. 신앙이 없는 상태로 꿈의학교에 왔지만 꿈의학교에서 하나님을 만나고, 청소년에 대한 소명을 깨닫게 되었기에 정년퇴직 후에도 여전히 꿈의학교에서 중국어를 가르치고 학생들을 상담하며 그 인연을 이어가고 있다.

중국 연수 프로그램

2002년 꿈의학교가 설립되었을 때에는 3주 정도로 단기선교 개념의 중국캠프가 시작되었다고 합니다. 이를 계기로 당시 교장 선생님이셨던 의로운님께서 중국에 대한 비전을 품게 되셨고, 중국어 교사 누리는 유미란 선생님을 초빙하여 2003년 3월부터 고1 학생들을 대상으로 본격적인 중국 연수 프로그램을 시행하셨습니다. 처음에는 6개월간의 장기 연수 프로그램이었고, 남학생과 여학생이 학기를 나눠 따로 연수를 가는 등 우여곡절이 많았지만, 고1 학생들에게 가장 안정적이고 효율적인 연수를 위해 회의를 거듭하면서 기간을 점차 단축하여 3개월 정도로 정착되었습니다.

중국 연수 프로그램의 목적은 중국을 품고 세계 선교의 터전을 만드는 영적 리더의 양성과 동북아 시대를 능동적으로 선도해 나갈 수 있는 실력 있는 지도자의 양성입니다. 중국 현지 연수를 통해 중국의 언어, 문화 및 역사를 배우고 체험함으로써 중국어 실력을 배양하고, 중국에 대한 새로운 꿈과 비전을 가지게 하는 것입니다. 21세기 교회에서의 주일예배와 금요철야 예배, 북경 유스코스타 참가 등으로 신앙의 성숙이 이루어지고, 중국 친구 사귀기 프로그램, 초청강의, 선교지 방문, 문화탐방, 단동 비전트립 등을 통하여 인적 교류의 기회를 제공하고 비전을 발견하게 합니다.

중국 연수는 북경청년정치대학에서 이루어지는데, 안전하고 깔끔한 숙소에서 생활을 하고, 수준 높은 교사들의 수업으로 학생들의 만족도가 매우 높고, 학생들의 중국어 실력이 일취월장하여 HSK 시험에서도 항상 좋은 결과가 있었습니다. 또 대학 측에서 연수가 끝날 때마다 꿈의학교 학생들에게 많은 장학금 혜택을 주어서 학생들에게도 큰 동기부여가 되었습니다.

사실, 이렇게 좋은 환경과 조건으로 이렇게 오랜 시간 꾸준하게 중국연수가 가능했던 이유는 현지 코디네이터 역할을 해주시는 누리는님이 계셨기 때문입니다. 누리는님은 꿈의학교 중국어 교사로 2년간 섬기시고 중국으로 귀국하신 후, 해마다 꿈의학교 고1 학생들을 받아서 현지에서 중국연수 프로그램을 진행하시며 헌신하셨습니다. 또 누리는님과 친한 북경청년정치대학의 박미옥 교수님의 전적인 지원이 있었기에 우리 학생들이 좋은 교육을 받으며 안전이 보장되고 장학 혜택까지 누릴 수 있었습니다. 특별히 두 분께 감사를 드리고 싶습니다.

해마다 몇 개월씩 고1 학생들을 인솔하여 중국 연수를 떠난 선생님들의 헌신도 잊으면 안 될 것 같습니다. 학생들과 동고동락하면서 풍성하고 감동적인 이야기들이 많을 것입니다. 저에게도 잊지 못할 한 학년이 있습니다. 그 학년은 제가 꿈의학교에서 처음으로 자원하여 담임을 맡았기 때문에 더욱 관심이 많았던 학년입니다. 학생들을 가르치다보면 개인뿐만 아니라 학년 별로 그 색깔과 특성이 다 다른데, 이 학년은 학업, 관계, 생활, 모든 면에서 상당히 힘들었던 학년이었습니다. 중등 때는 저를 포함한 많은 여선생님들이 수업을 마치고 우시기도 하셨죠. 우리나라에서의 수업도 제대로 안 되는데 고등을 앞두고 중국연수가 걱정이 되었습니다.

고민하다가 중3 겨울 방학을 이용하여 원어민과 함께하는 중국어 겨울 단기 캠프를 특별히 만들어서 꿈의학교에서 진행하였습니다. 집중적인 중국어 교육으로 중국 유학생들을 초청하여 1:1 수업도 하면서 중국연수 과정을 대비하였고, 저녁에는 학생들과 학부모님을 상담하며 공감하고 소통하기 위해 노력하였습니다. 단지 8일간의 짧은 단기 캠프였는데 그 효과는 놀랄만한 것이었습니다.

학생들이 중국어에 대한 흥미와 자신감을 가지게 되어서 중국연

수 기간 동안 중국 현지 선생님들로부터 역대 최고의 칭찬과 격려와 찬사를 받고 행복한 결말을 맺으며 완벽하게 변화되어 한국으로 돌아왔습니다. 중국이라는 새로운 환경과 변화되고자 하는 학생들의 의지가 있었기에 가능한 일이었습니다. 연수 마지막 시즌에 북경에서 열린 청소년 신앙 캠프인 〈Youth Kosta〉에서도 많은 학생들이 하나님의 은혜를 누리고 열정적으로 찬양하던 모습이 생각납니다. 그때의 결실로 졸업 후에는 그 학년에서 8명이나 중국 유학을 가게 되는 기적이 일어나기도 했습니다.

중국연수 프로그램은 고1의 필수교육과정이지만 위에서 언급한 것처럼 단기 캠프를 통해서도 상당히 큰 효과를 얻을 수 있습니다. 특히 언어는 어릴 때부터 시작하면 더 좋기 때문에 중등 1, 2학년 학생을 대상으로 방학을 이용한 2, 3주간의 중국 캠프를 기획하였습니다. 북경을 중심으로 문화캠프, 북경-상해-서안을 중심으로 역사캠프가 진행되었는데, 이를 통해 학생들이 중국어와 중국의 문화, 역사를 좀 더 이른 시기에 체험하게 되었습니다. 이를 계기로 〈중국 문화의 이해〉라는 꿈의학교만의 독특한 수업도 만들어지게 되었고, 후에는 중국어, 역사, 미술, 간도문학을 통합한 통합수업도 진행되었습니다.

지금은 기억 속에서만 존재하지만 당시에는 중국어 붐이 일어나 학생들이 길에서도 수시로 중국어로 말하고, 밥 먹기 전에 중국어로 주기도문 암송도 하는 아주 기이한 현상이 벌어졌습니다. 꿈의학교만의 독특한 패션문화인 스페셜데이 때는 중국 전통 의상을 입고 뽐내기도 하고, 중국차 시음회도 자주 열리고, 중국어 발표회나 암송대회를 하는 등 중국어 교과에 대한 상당한 자부심이 있었습니다.

고1 중국 연수를 세팅하기 위해 북경에 갔다가 우연히 얻게 된 큰 수확이 또 있습니다. 누리는님께서 평소에 알고 계시던 어느 교수님께서 한국의 대학과 자매결연을 맺고 싶어 한다며 당시 대학교수로 있던 제 남편과의 연결을 원하셨습니다. 우리 학생들이 중국

연수를 진행하던 북경청년정치대학에서도 해마다 8, 9월쯤이면 여러 교수님들을 한국에 파견하여 대학을 방문하시는데 그때마다 남편의 대학을 방문하셨기 때문에 말씀하신 것이었습니다. 그때 불현듯 '우리 꿈의학교와 중국 대학이 자매결연을 하면 어떨까?' 하는 생각이 들었습니다.

누리는님도 처음에는 의아해하셨지만 꿈의학교가 중국 대학과 자매결연을 하면 학생들이 유학을 갈 수 있는 문도 열리고 국제 감각을 키울 수 있는 기회가 될 것이라는 확신에 적극적으로 추진하게 되었습니다. 고등학교와 대학교가 자매결연을 하는 것에 대해 학교에서도 처음에는 좀 의심스러워했지만 결국 중국 복장(패션디자인)대학과 자매결연을 하게 되었고, 점차로 북경외국어대학, 중국물자대학, 북경중앙미대까지 확장되어 다양한 교류를 하게 되었습니다. 이를 계기로 중국으로의 유학생들이 생기게 되면서 더 지속적이고 수준 있는 중국어 교육이 필요하게 되어 급기야는 북경청년정치대학 교수님을 꿈의학교로 초빙하는 상황도 만들어졌습니다. 학생들이 중국 교수님과 함께 수업하고 식사도 하고 매일 만나 교류하면서 많은 배움이 있었습니다.

이처럼 활성화되었던 중국어와 중국 연수, 중국 관련 프로그램이 안타깝게도 지금은 자취를 찾아보기 어렵게 되었습니다. 중국어 시수도 줄어들었고, 관련 수업과 캠프 등도 없어졌고, 중국 유학도 어렵게 되었고, 고1 중국 연수도 중단되었습니다. 코로나 팬데믹으로 인해 만들어진 상황입니다. 현재 고1은 대체프로그램으로 제주도에서 5, 6주간의 중국어 연수를 진행하고 있습니다. 언어는 몰입 수업이 가장 효과적이므로 그나마 제주도에서 중국 원어민 선생님을 초빙하여 중국어에 몰입할 수 있는 환경을 만들고, HSK를 준비할 수 있다는 것이 지금으로서는 최선이라고 생각됩니다. 빨리 이 어두운 시간들이 지나가서 중국으로의 길이 열리고 중국 연수가 다시 활성화되기를 기도해 봅니다.

앞으로 꿈의학교는...

저에게 꿈의학교는 '믿음의 고향'입니다. 이곳에서 하나님을 만났고, 고난과 훈련을 통해 영적으로 성장했습니다. 힘든 학생이 찾아오면 저는 항상 학생들에게 "꿈의학교는 하나님 안에서 훈련받는 곳이다."라고 말합니다. 어린 나이에 부모님을 떠나 공동체 생활을 한다는 것은 정말 어려운 일이고 살아남는 것 자체가 쉽지 않으니다. 때문에 학생들을 가르치는 것도 물론 중요하지만 학생들의 고민을 들어주고, 그들을 위로하고 격려하며, 필요한 조언을 해주고 상담해줄 수 있어야 한다고 생각합니다.

학생들이 하나님 안에서의 고난과 훈련을 잘 해석하고 받아들이며 이를 통해 성장할 수 있도록 교사가 도울 수 있어야 합니다. 세상은 너무 빠르게 변화하고 있습니다. 예측하기 어려운, 어둡고 혼란스러운 시대를 우리가 살아가고 있습니다. 이 어두운 세상에서 아이들이 잘 분별하며 살아갈 수 있도록, 자신의 마음과 신앙을 잘 지키고 영적싸움에서 이길 수 있도록 능력 있는 그리스도인으로 교육하는 것, 이것을 위해 우리 교사가 엎드려 기도하며 준비해야 하지 않을까 생각합니다.

땅끝까지 꿈의학교
'국토사랑행진'

[소개] 학사교감 친근한 **조용남**

비즈니스를 통한 선교의 꿈을 품고 기업에서 일했다. 하나님 나라 확장을 위해서는 교육이 훨씬 더 직접적이고 효과적인 방법임을 깨달은 후 교실에서 학생들과 진리에 기초한 지식을 함께 배우고 있다. 배우고 익힌 지식을 나누기 위해 유튜브 채널 '친근한 미래교실'을 열었고, 코로나 기간 동안 온라인 학습 방법을 많은 교사들에게 안내하였다. 2004년부터 지금까지 꿈의학교에 몸담고 있으며 현재 학사교감으로 섬기고 있다. 약 20년간 꿈의학교에서 교직 생활을 하며 많은 추억을 쌓았고 은혜로운 경험을 해오고 있다.

국토사랑행진 이야기

꿈의학교의 '국토사랑행진'은 2004년부터 시작되었습니다. 꿈쟁이들을 위한 좋은 프로그램이 뭐가 있을까 고민하다 생각해낸 것이 바로 '한라부터 백두까지 두 발로 걷는 우리 땅'이라는 슬로건이었습니다. 지금이야 많은 국토순례 프로그램이 있지만 그 당시에는 흔치 않았습니다. 때마침 동아제약에서 진행하는 대학생 박카스 국토대장정에서 아이디어를 얻어 '우리도 저렇게 해보면 어떨까?'라는 생각을 했습니다.

많은 준비 끝에 비로소 전교생이 전국을 횡단하는 '국토사랑행진'이 첫발을 내딛게 되었습니다. 사실 한라에서 백두까지라고 했는데, 백두산까지 가려면 통일이 되어야 가능합니다. 아직 통일이 안되었기 때문에 백두산까지 가지는 못하지만 언젠가 꿈을 이룰 수 있으리라 생각합니다. 그나마 고1 꿈쟁이들이 중국으로 언어 연수를 갈 때 체험학습으로 백두산을 밟아보고 있습니다.

슬로건은 내세웠는데 전교생을 데리고 다니는 것은 쉽지 않은 일입니다. 어떻게 하면 전국을 횡단할 수 있을지 고민하다가 1년에 한 구역씩 총 7번이면 전국을 완주할 수 있겠다는 생각이 들었습니다. 그 당시 꿈의학교는 초6 과정부터 있었기에 고등학교 졸업할 때까지 딱 7년 동안 매년 국토사랑행진을 참가하면 전국에 몇 안 되는 국토 종단자가 될 수 있을 것이기에, 그 비전을 학생들에게 심어주었습니다. 매년 4박 5일간 120~130km를 걷는 이 시간만큼은 잊을 수 없는 소중한 경험이 되었습니다.

그중 가장 기억에 남는 일은 뭐니 뭐니 해도 첫 번째로 진행한 '국토사랑행진' 때입니다. 처음 기획한 것이라 애정도 많았고, 생각했던 게 눈앞에 직접 펼쳐지니 그 가슴 벅참은 이루 말할 수 없었습니다. 첫 코스를 제주도로 잡았는데, 사람의 상상은 현실과 많이 다르다는 것을 깨닫게 된 사건이 있었습니다. '제주도 하면? 한라산이지!'라는 생각에 무조건 한라산을 등반해야 한다는 강한 의지를 갖고 있었습니다. 그러나 당일 산을 넘기 전, 심상치 않은 조짐이 보였습니다. 바람도 불고 비도 내렸고 게다가 한 주민 분은 위험하다고 올라가지 말라고 저희를 타이르셨습니다. 여러 악조건이 겹치다 보니 어쩔 수 없이 한라산은 포기하고 다시 일반 도로로 걷기 시작했습니다. 아쉬움도 잠시, 그것이 탁월한 선택이었음을 깨닫게 되었습니다. 학생들에게는 좋은 길로 걷는 것도 힘든데 거기에 산까지 넘으라는 것은 무리한 요구였습니다. 아마 한라산을 넘는 코스로 갔다면 중간에 포기하는 꿈쟁이가 많았을 것입니다.

두 번째 기억에 남는 사건 역시 첫 '국토사랑행진' 때입니다. 힘겨운 국토 순례의 끝에 마지막 골인 지점만을 남겨두고 있었습니다. '국토사랑행진'을 처음 기획할 때부터 마지막 완주지점에 들어오는 장면만큼은 꼭 보고 싶었습니다. 그 순간, 무전기로 "OO 좀 빨리 사 주세요."라는 요청으로 그 물건을 사기 위해 제주 시내를 이리저리 구하러 다녔습니다. 돌아와 보니 이미 완주한 꿈쟁이들은 바닥에 털퍼덕 주저앉아 아이스크림을 정말 맛있게 먹고 있더군요. 제가 이 순간을 얼마나 기다렸는데 너무 허무하게 지나갔습니다.

또 다른 에피소드가 생각났습니다. 드디어 전국 '국토사랑행진' 종단의 마침표를 찍는 7년째 휴전선 앞 임진각! 이 순간만큼은 내가 기필코 완주 마지막 장면을 보고야 말겠다고 다짐을 했고 사전 준비도 아주 철저히 했습니다. 아무 문제없을 줄 알았습니다. 그런데 갑자기 음향기기에 이상이 생겨 스피커를 옮기고 마이크를 재설치 하느라 분주했습니다. 파노라마처럼 6년 전의 아쉬운 기억이 떠올랐고, 문제를 해결하고 가보니 마치 6년 전의 장면이 그대로 재현되듯 꿈쟁이들은 이미 완주해서 바닥에 주저앉아 아이스크림을 먹으며 쉬고 있었습니다. 그 아쉬움은 지금까지 마음 한켠에 남아 있습니다.

사실 꿈쟁이들은 그냥 참여하면 되지만, 이를 기획하는 사람들은 몇 달 전부터 약 200명이 머무를 숙소, 식당, 구간별 휴식 장소, 화장실 등 미리 생각할 일이 참 많습니다. 이 모든 것이 마치 퍼즐처럼 딱 들어맞아야 했기 때문에 사전 답사 또한 만만치 않았고 힘든 순간의 연속이었습니다. 그 당시에는 내비게이션이 없던 시기라 대형 지도를 펼치며 줄자로 거리를 재고 그때그때마다 돌발 상황에 대처를 해야 했습니다. 때로는 너무 피곤하다 보니 잠깐의 졸음운전으로 사고가 날 뻔한 적도 있었고 타이어 펑크로 아찔한 위기 상황에 직면하며 생명의 위협도 느꼈습니다.

지금 생각해보면 힘들었던 기억보다 보람된 일로만 기억되고 있습니다. 요즘 십대 학생들은 고난을 경험하는 일이 참 드뭅니다. 도전하고 이루었을 때의 그 성취감은 말로 다 표현할 수 없기 때문에 우리 꿈쟁이들에게 꼭 그 경험을 하게 해주고 싶었습니다. 100km 행군은 요즘 군인들도 하기 힘든 일입니다. 어려움 속에서 우리들은 "하나님, 도와주세요!"라고 외치고 선후배가 서로 밀어주고 끌어주며 그 속에서 진정한 공동체성이 길러집니다.

국토사랑행진의 가장 큰 교육적 효과는 '선후배가 함께 어울릴 수 있는 것'이라고 생각합니다. 평소에는 선후배를 만날 기회가 많지 않은데 이런 기회를 통해 전교생이 함께하는 이 4박 5일 기간 동안 선배가 후배를 챙겨주고 후배가 선배를 믿고 따라가면서 공동체성을 길러줍니다. 평소 학교에서는 드러나지 않던 선배가 그곳에서는 얼마나 리더십을 잘 발휘하던지, 실제로 국토 조장 선배가 너무 멋있다는 후배들이 많았습니다. 조장 선발은 후배들의 투표로 진행되었는데, 조장으로 선발되면 고2 조장들은 '후배들이 나를 리더로 인정하는 구나'라며 자부심을 가졌습니다. 그래서 더욱 열심히 국토사랑행진을 준비하고, 적극적으로 국토사랑행진에 임하게 하는 좋은 효과도 있었습니다.

하지만 그 생각은 국토사랑행진이 시작되면 철저히 무너지고 맙니다. 매일 밤 조장모임을 하면 그렇게 자신감 충만했던 조장들이 2, 3일 지나면 막 울기 시작합니다. 심지어 건장한 남학생들도 말이죠. 그러면서 하는 말이 "저는 조장으로서 너무 부족해요.", "제가 후배들을 위해 해줄 수 있는 게 아무것도 없어요."라고 말하며 자신의 무능력함에 좌절하고 맙니다. 저는 꿈쟁이들이 이렇게 깨닫게 되는 것 또한 필요한 교육이라고 생각합니다. 정서적, 육체적으로 힘든 그 고통의 순간을 이겨내고 나면 마지막 날에는 많이 성장한 모습을 보게 됩니다. 그런 장면을 보며 교사로서 참 뿌듯합니다.

국토사랑행진에서 우리 졸업생들과 함께하는 것도 큰 기쁨입니다. 졸업생들은 아침 기상부터 행군팀에서 학생들과 함께 걷고 저녁 취침관리까지 넘치는 에너지로 도와줍니다. 졸업생으로 와서 새로운 깨달음도 있다고 합니다. 학생 때는 걷기만 하면 되지만, 졸업생이 되어 보조교사로 왔을 때는 학생 때 보지 못했던 선생님들의 모습을 보게 됩니다.

꿈쟁이들이 코스 하나하나를 안전하게 지나가도록 주변 상가 분

들께 양해를 구하는 모습, 꿈쟁이들이 머물다 간 자리를 다 청소하고 심지어 화장실 청소까지 하는 모습, 꿈쟁이들이 오기 전에 미리미리 자리를 확보하고 처음 왔던 것보다 더 깨끗하게 치우고 자리를 떠나는 선생님들의 모습을 보게 됩니다. 때로는 위험천만한 순간도 많습니다. 일반 도로 위를 걸어야 하는 때가 종종 있어서 쌩쌩 달리는 차들과 큰 트럭을 몸으로 막는 선생님들의 모습을 본 졸업생들은 '우리가 그냥 걸었던 게 아니구나.', '누군가 우리를 위해 보이지 않는 곳에서 다 준비한 거였구나.'라는 것을 깨닫고 더 헌신적으로 봉사를 하게 됩니다.

이 기회를 통해 감사의 말을 전하고 싶은 분들이 있습니다. 바로 우리 '선생님들'입니다. 처음부터 끝까지 함께 국토사랑행진을 준비하고 기획하며 실행했던 우리 선생님들이 없었다면 이 국토사랑행진은 없었을 것입니다. 또 감사한 분들은 바로 '학부모님'입니다. 대한민국 전국에 계시기 때문에 국토를 통해 그 지역을 지나가면 학부모님들은 발 벗고 나오셔서 플래카드로 응원해주시고 그 지역 특산물을 간식으로 제공하며 힘든 순간 한 줄기 빛처럼 나타나 주셨습니다. 저는 예전에 한창 더울 때 먹었던 시원한 수박을 잊지 못합니다. 수박을 한 트럭 가득 실어 날라주셨던 부모님들의 정성을 지금까지도 생생히 기억하고 있습니다.

국토사랑행진을 하다 보면 우리가 알지 못했던 동네도 많이 지나가게 됩니다. 그러면 꼭 우리 학교와 관계된 사람이 아니어도 어르신들은 아이들이 너무 예쁘다고 물도 주시고 아이스크림도 건네주십니다. 어떤 할아버님은 이렇게 힘들 때는 소금을 먹어야 한다고 소금을 직접 입에 넣어주시기도 했습니다. 우리는 단지 걷기만 했을 뿐인데 우리는 알게 모르게 이렇게 많은 이들의 도움을 받고 있었습니다.

매년 계속될 줄 알았던 국토사랑행진도 2020년부터 코로나로 인해 2년간 중단되어 아쉬움이 많았습니다. 국토사랑행진을 처음 기획할 때 바랐던 결과물보다 훨씬 다양하고 긍정적인 효과를 꿈쟁이들이 경험할 수 있었는데 코로나로 인해 2년이나 멈춰야 했으니 말입니다. 잠시 쉬었지만, 이제는 다시 시작되었습니다. 어려움을 견디며 주님을 부르고, 끝까지 해서 목표달성의 성취감을 느끼는 과정을 모든 꿈쟁이들이 경험하고 졸업할 수 있기 바랍니다.

앞으로 꿈의학교는...

국토사랑행진을 이야기하다 보니, '꿈의학교가 있었기에 국토사랑행진도 있었겠구나.'라는 생각이 듭니다. 20주년을 맞이하여 앞으로도 저는 우리 학교가 하나님의 마음을 잃어버리지 않는 학교가 되었으면 합니다. 튼튼한 반석과 같은 예수 그리스도 위에 우리가 바로 서 있고, 어떤 시대적 상황과 흐름에도 흔들리지 않는 학교가 되기를 소망합니다.

또한 꿈의학교에서 기독교 학교의 모델이 되는, 좋은 교육과정들이 많이 시도되고 만들어지길 원합니다. 300번의 시도가 있어야 30번의 의미 있는 결과가 나오고, 그중 한두 개의 성공적인 결과물이 나옵니다. 실패라고 이야기하기 전에 '시도'라고 이야기하고 선한 의도가 담긴 실험에 많이 도전했으면 합니다. 이러한 과정은 분명 하나님께서 기뻐하시는 일입니다. 또한 이 모든 것을 함께 만들어가는 우리 교사들의 수고와 노력에 큰 박수를 보내고 싶습니다.

마지막으로, 저에게 있어서 꿈의학교는 '학교'입니다. 어느 순간부터 '꿈의학교는 학생들을 위한 학교만은 아니구나.'라는 생각이 들었습니다. 학생뿐만 아니라 교사, 학부모를 위한 학교이기도 하기 때문입니다. 영적, 인격적, 지식적으로 많은 것을 배우고 있는 지금 이 순간이 은혜이고 감사입니다.

의

RIGHTEOUSNESS

교육과정의 꽃
'단기선교'

[소개] 신앙생활 교감 단풍 **강현석**

세 가지 기도 응답을 통해 2003년부터 지금까지 꿈의학교 역사와 함께하고 있다. 컴퓨터 프로그래밍을 하며 평범한 직장생활을 하던 중 언제부턴가 '마지막 때'라는 말씀이 계속 생각나면서 더 의미 있는 일을 하고자 우연한 기회에 꿈의학교에 방문한 것이 인연이 되어 아이들에게 성경을 가르치며 살아가고 있다.

단기선교 이야기

단기선교는 꿈의학교가 시작할 때부터 있었던 교육과정은 아닙니다. 선생님들끼리 모여 학교에 대한 이런저런 논의를 하던 중 "우리 아이들을 데리고 봉사활동도 가고, 선교 활동도 해야 하지 않겠습니까?"라며 시작한 이야기가 자연스레 선교에 대한 그림을 그리게 했습니다.

그 당시 꿈의학교는 한창 꿈을 꾸던 시기였습니다. 선교에 대한 이야기가 나오자마자 저희는 바로 실행에 착수했습니다. 당시 교목이셨던 송병헌 목사님께서 적합한 선교단체를 찾아서 청소년들이 할 수 있는 선교에 대해 차근차근 배우기 시작했습니다. 선교단체가 운영하는 청소년 선교 훈련과 실제 선교 현장에 참여하면서 꿈의학교를 위한 선교 프로그램을 만들기 시작했습니다. 선교단체에 위탁해서 시작한 선교 훈련은 'D-DTS(Dreamschool DTS)'라는 이름으로 진행되었고 이후에 '십자가 정병학교'로 바꾸어 꿈의학교 선교 훈련 프로그램으로 자리 잡았습니다.

2006년 겨울. 캄보디아로 80여 명의 인원으로 구성된 첫 단기

선교팀이 파송을 받았습니다. 당시 한 여학생은 꿈의학교가 선교하는 학교가 되기를 꿈꾸며 기도하고 있었는데 그 기도가 응답되는 것을 보고 감동하기도 했습니다.

그 이후로 매년 겨울, 단기선교를 진행하고 있습니다. 지금까지 단기팀이 방문한 나라는 캄보디아, 키르기스스탄, 방글라데시, 터키, 이스라엘, 일본, 인도, 우간다, 에티오피아, 네팔 이렇게 총 10개국입니다. 선교지는 주로 '복음화율이 저조한 나라'를 선정합니다.

초창기에는 60~80명의 인원이 한 나라에 가서 예배, 문화, 교육, 의료 사역을 총체적으로 하면서 현지 선교사님의 사역을 돕고 그 땅에 영적 충격을 주는 데 중점을 두었습니다. 시간이 흐르면서 소규모 선교팀이 매우 효율적이고 민첩하게 사역을 할 수 있다는 것을 알게 되면서 2011년부터는 선교팀을 나누어 파송하기 시작했습니다. 이후로 여러 선교팀이 만들어져서 특정 지역을 지속성 있게 섬기게 되었습니다.

단기선교를 10년 넘게 진행하면서 다양한 에피소드가 있었습니다. 그중 하나는 한 사람이 품은 선교 열정을 하나님이 사용하셔서 새로운 선교의 방향을 만
드신 일입니다. 터키 단기
선교를 다녀오고 나서 그
나라를 계속 마음에 품고
기도하던 학생이 있었습니
다. 몇 명의 동료와 함께 기
도하면서 그 땅을 다시 밟
고 싶은 마음이 간절했지
만 학교 단기팀은 이미 다
른 나라로 방향을 정한 상태였습니다. 학생들은 한 선생님을 붙잡고
소수라도 좋으니 터키 선교를 가 달라고 요청했습니다. 그 선생님은
혼자 그 일을 감당할 수 없어서 다른 선생님에게 요청했고 그렇게
한두 명씩 모여 12명의 소규모 단기 팀이 구성되었습니다.

소규모 단기 팀은 처음이었기 때문에 '우리가 가서 뭘 할 수 있
을까?', '선교가 제대로 이루어지기는 할까?'라는 걱정과 우려가 앞
섰습니다. 그러나 걱정과 달리 현장에서 주님이 부어주신 은혜는
놀라웠습니다. 현지 학교 수업 현장에 초대되어 학생들과 어울렸
고 미리 준비해 간 "Amazing Grace"를 무슬림 학생들에게 불러

주었습니다. 참고로 그 당시 저희 팀 이름이 'Lost&Found'였는데, "Amazing Grace" 노래 가사 중 'I once was lost, but now I am found'라는 가사에서 따온 것이었습니다. 잃어버린 한 영혼을 찾는 데 쓰임받기를 바라는 우리의 소망이 담겨 있는 찬양이었습니다.

소규모였지만 팀원 간 끈끈한 유대감과 가족 같은 분위기가 만들어져서 모두 행복한 시간을 보냈습니다. 수십 명으로 구성된 단기 팀에서 누리던 것과는 또 다른 은혜가 있었습니다. 이를 계기로 '소규모면 어때. 우리가 섬길 수 있는 곳은 어디든 가자.'라는 생각이 믿음의 확신으로 바뀌었고, 이것이 선례가 되어 소규모의 선교 팀과 선교지가 점점 확장되었습니다.

두 번째 기억에 남는 에피소드가 있다면, 맨 처음 단기선교로 갔던 캄보디아에서의 일입니다. 그 당시 캄보디아의 열악한 환경에도 불구하고 아이들은 도대체 어디서 오는지 모를 기쁨으로 충만해서 길거리를 다니며 끊임없이 찬양을 부르고 그 땅을 축복했습니다. 만나는 사람마다 캄보디아어로 "예수 믿으세요, 예수 믿으세요."라고 외치는 모습은 마치 복음을 전하다 죽어도 좋으리라는 의지로 가득 찬 느낌이었습니다.

트럭을 타고 달리면서도, 흙먼지를 뒤집어쓰면서도, "예수님 믿으세요."를 끊임없이 외치는 모습. 저는 그 형상이 너무 아름답고 강력해 보였습니다. 이런 분위기 속에서 우리를 태우고 다니던 버스 기사님이 당시 불교 신자였는데, 마음을 열고 우리가 떠나기 전 마지막 날에 영접 기도를 하셨습니다. 단기선교를 하며 수많은 감동의 순간이 있었지만 그 장면은 제 머릿속에 지금도 선명하게 남아있습니다.

마지막으로 일본 단기선교에서 있었던 일이 한 가지 더 기억납니다. 일본은 복음화율이 1%도 되지 않은 나라인데다 어느 정도 경제적 성장을 이루었기에 전도가 정말 쉽지 않은 곳입니다. 우리는 교회 전도지를 사람들에게 나눠주는 일을 했는데 현지 목사님은 사람들이 전도지를 잘 받지 않을 테니 큰 실망 말라고 미리 당부해 주었습니다. 그런데 우리 팀이 다녀간 다음에 우리가 뿌린 전도지를 받고 교회에 나온 일본인이 생겨났습니다. 그것이 한 번이 아니라 연속해서 그런 일이 일어났습니다. 일본에서는 한 명 전도하기가 하늘에서 별 따기처럼 어려운 일인데 매년 전도의 열매가 맺히자 현지 목사님과 성도들이 놀랐습니다. 그래서 그 다음 해에는 교회에서 더 많은 전도지를 인쇄해 놓고 우리를 기다리셨습니다.

단기선교를 진행하면서 힘든 순간도 많았습니다. 학기를 마무리함과 동시에 짧은 기간 동안 선교 준비를 해야 했는데 인솔 교사 입장에서는 큰 부담이 될 수밖에 없습니다. 학기말 업무를 처리하며 쉼 없이 달리다 보니 몸과 마음은 지쳐있는 상태일 때가 많습니다. 하지만 우리의 상태를 잘 아시는 하나님께서는 그만큼, 아니 몇 배는 더 강력하게 응원해 주시고 은혜를 베풀어 주셨습니다. 학교에서는 볼 수 없었던 꿈쟁이들의 잠재력이 선교 현장에서 터져 나오는 것을 볼 때마다 감동과 감사로 가슴이 뿌듯해집니다. 어느 학생은 이런 고백을 했습니다. "신기하게도 매일 하던 말씀묵상인데, 선교만 오면 그날 꼭 필요한 말씀을 우리에게 해주시는 것 같아요." 말씀이 삶이 되고 삶이 예배가 되는 현장. 우리 학생들이 직접 경험하는 선교 현장은 현실적 고민으로 메마르기 쉬운 삶에 촉촉한 단비가 되어 줍니다.

같은 나라를 여러 차례 방문하면서 얻는 유익이 많습니다. 전에 만났던 현지 청소년들을 다시 만나서 사귐을 이어가고 한국에 와서도 SNS로 연락을 이어갑니다. 무슬림 청소년들이 먼저 찾아와서 우리 크리스천 청소년들과 친구가 되어 즐겁게 교제하고 우리 예배의 자리에서 기꺼이 함께 예배합니다. 함께 춤추고 기뻐 뛰는 모습 속에서 우리는 하나님의 나라가 임한 것을 경험합니다.

저는 감히 단기선교가 '꿈의학교 교육과정의 꽃'이라고 말하고 싶습니다. 학교에서 배우고 익힌 것을 현장에서 모두 쏟아 붓습니다. 때로는 현장의 경험에서 비전과 방향을 찾기도 합니다. 재학생뿐만 아니라 부모님과 졸업생도 함께 한다는 것도 큰 장점입니다. 함께 사역자로 동참하는 학부모님과 졸업생은 선생님 이상의 역할을 감당해 주며 늘 든든한 버팀목이 되어주고 있습니다.

선교지에서 마주하는 낯선 환경과 문화의 어려움을 겪으면서 학생들은 자신의 삶이 불평거리가 아니라 감사와 축복이라는 것을 깨닫기도 합니다. 선교 경험 덕분에 졸업 후에도 다시 그곳으로 가서 단기 선교사로 활동하는 친구도 있고, 군대에서 아프리카 해외 파병에 지원하는 친구도 있습니다. 해외로 간호 선교를 가거나 의료 선교에 대한 비전을 품고 해외 의과 대학에 진학하는 경우도 있습니다.

선교 현장에서 우리는 선교사님들의 삶을 보고 배우며 도전을 받습니다. 그분들의 희로애락을 잠시 느끼면서 중보자의 마음을 품게 됩니다.

일본 선교를 갔을 때의 일입니다. 조 선교사님은 2011년 쓰나미로 큰 피해를 입은 이시노마키 주민을 돕기 위해서 방사능 위험에도 불구하고 그곳에 들어가셔서 지금까지 사역을 이어가고 계십니다. 연세가 꽤 있으신 데도 불구하고 매우 열정적으로 사역을 하고 계십니다. 우리 팀이 가면 일정 중 반드시 하루는 이른 아침에 우리를 깨워 도시가 내려다보이는 산꼭대기로 데리고 가십니다. 겨울이라 매우 추운데도 불구하고 그곳에서 체조를 한 다음에 예배를 드리고 다 함께 큰 소리로 그 땅을 축복하며 중보기도를 하게 하십니다. 아무것도 모르고 따라 올라온 아이들은 추위에 벌벌 떨면서 선교사님이 시키는 대로 따라 합니다. 요즘 세대에 맞지 않는 코드여서 당혹스럽지만 다음 세대의 야성을 깨우시려는 그분의 노익장은 우리에게 큰 울림을 줍니다.

계속될 것만 같던 단기선교도 코로나로 인해 최근에는 잠시 중단되었습니다. 하지만 우리는 선교 훈련 프로그램을 중단하지 않고 오히려 지금까지의 선교를 되돌아보는 시간을 가졌습니다. 선교사님들과 영상통화를 하며 현지 소식을 전해 듣고 다시 중보기도를 하며 오히려 '다시 나가야 된다.'라는 마음으로 뜨거워졌습니다. 현재는 주님께서 우리를 어디든 보내시면 그곳에서 우리가 할 수 있는 길을 열어주실 것이라는 믿음을 가지며 기도로 준비하고 있습니다.

앞으로 꿈의학교는...

처음 저에게 꿈의학교는 '하나님이 부르시니까 가야지.'라고 생각했던 곳이었습니다. 그런데 이곳에서 사역을 하면서 제 자신이 더 많은 성장을 경험했습니다. 그래서 꿈의학교는 '하나님의 사람을 키우는 학교'라고 할 수 있습니다.

지금까지 선생님, 학부모, 학생 모든 공동체가 마음을 모아 달려왔고 지금까지 하나님께서 저희를 잘 인도해 주셨는데, 앞으로 꿈쟁이들이 더 강력한 하나님의 사람으로 양육되면 좋겠습니다. 세상이 감당할 수 없는 믿음, 어디서든 복음을 선포하는 자신감 있는 꿈쟁이들, 자신의 믿음을 간신히 유지하는 그리스도인이 아니라 다른 사람을 건져낼 수 있는 제자로 훈련받고 세워지기를 소망합니다. 이것을 위해 교육과정을 함께 고민하고 준비하는 꿈의학교가 되기를 바랍니다.

꿈쟁이에서 드리머로
'총동문회'

[소개] 2006년 졸업생 특별한 **윤태식**

평소 책을 좋아해 다독하는 습관이 있었는데, 대안학교를 알아보던 중 어머님의 권유로 독서학교인 꿈의학교를 알게 되었고, 2004년 고등신입으로 꿈의학교에 입학하였다. 같은 가치를 추구하는 친구들과 선생님을 만나며 인생의 전환점이 되어 재미있게 학교를 다니다 졸업하였다. 2021년부터는 꿈의학교 총동문회장을 맡고 있으며 졸업생, 선생님, 학교와 소통하는 역할을 담당하고 있다.

꿈의학교 총동문회

꿈의학교는 역사가 오래된 만큼 수많은 졸업생들이 배출되었습니다. 졸업생이 점점 늘어나다 보니, 졸업생들의 모임도 필요하다고 생각하기 시작한 것은 2008년부터였습니다. 그때 처음 동문회가 만들어졌고 초대 동문회장으로는 별님(2006 졸)이 맡아 주셨습니다. 졸업을 하면 졸업생들은 학교로, 군대로, 회사로 흩어지다 보니 학교가 그리워지는 순간이 많이 찾아옵니다. 그래서 초창기에는 학교 밖에 있는 졸업생들과 학교와의 소통 창구 역할을 하는 것으로 시작되었습니다. 어떻게 보면 일반적인 동문회의 느낌과는 결이 조금 달랐습니다.

2011년에는 새벽날개님(2006 졸)이 동문회의 정관을 만들며 조금 더 체계적으로 운영하려는 움직임이 일어났습니다. 마침 그 해에는 졸업생들을 초청하는 동문회를 크게 열었는데 제가 기억하기로는 거의 100명 정도의 졸업생들이 왔습니다. 동문회라는 이름으로 연 공식적인 행사는 이때가 처음이니까 이것저것 준비도 많이 했습니다. 그래서 너무 열심히 준비한 나머지 새벽날개님이 다쳐 야밤에 응급실에 갔던 기억도 납니다.

초창기에는 동문회가 만들어지는 과정이었기에 여러 시행착오도 많았습니다. 나중에 듣기로는, 체계적이지 못한 구조로 동문회비도 제대로 걷지 못해 새벽날개님이 과외하면서 번 돈을 후배들을 만나며 다 썼다는 이야기도 들었습니다. 그래서 어떻게 보면 이런 어려움들이 있었기에 새벽날개님은 이후의 동문회를 위해 좀 더 체계적인 구조로 만들기 위해 애썼던 것 같습니다.

동문회의 목적 중 제일 중요한 것은 '친목'입니다. 동문회의 처음 시작 이유는 '학교와 계속 연결되었으면 좋겠다.'라는 취지였기에 저희 학년에서 자발적으로 먼저 이어나가자는 의견이 나왔습니다. 어떻게 하다 보니 주로 선배 학년에서 동창회를 담당하게 되었고, 후배들의 입장에는 권위적인 조직이 아닌가 생각할 수도 있지만 전혀 그렇지 않습니다. 오히려 선배로서 동창회가 잘 유지되길 바랐기에 자원하는 마음이 담겨있다고 생각해 주시면 좋겠습니다.

저는 2021년부터 동문회장을, 그리고 현재 회계는 괜찮은님(2008 졸)이 맡고 있습니다. 고문 역할로는 갈렙님(2006 졸)이, 그리고 중간에 필요한 부분이 있다면 새벽날개님(2006 졸)과 소통하고 있습니다. 동문회장이 되려면 특별한 조건이 있어야 하는 것은 아니지만, 정회원이어야만 동문회장 자격이 주어집니다. 만약 후보가 여러 명이라면 정회원들 앞에서 비전과 활동계획을 공유하고 이후에 선발되는 형식으로 뽑고 있습니다. 동문회장의 임기는 원래 1년이었지만 2020년에 정관이 수정되면서 2년으로 변경되었습니다. 최근에 임기를 2년으로 변경한 이유는 이제 막 적응하고 익숙해질 즈음에 회장이 바뀌면 운영상에 여러 가지 어려움이 있기에 일을 제대로 하기 위해서는 2년이 적당하다고 결론지어졌습니다.

역대 동문회장을 역임한 분들은 다음과 같습니다. 별님(2006 졸), 행복한님(2006 졸), 새벽날개님(2006 졸), 갈렙님(2006 졸), 유레카님(2008 졸), 가꾸는님(2012 졸), 환상보는님(2011 졸) 그리고 저입니다. 많은 졸업생들이 동문회장을 했는데 어쩌다 보니 저희 동기들이 많이 역임하게 되었습니다.

사실 동문회는 자발적인 모임이자 사적 모임이기에 들어오기 꺼려하는 친구들도 있습니다. 그렇다고 저희는 강제로 들어오라고 하지는 않습니다. 또한 모임이나 여러 활동들을 지원하다 보면 돈이 들기 마련인데, 동문회에 들어오게 되면 회비를 내게 됩니다. 하지만 부담되지 않는 선에서 현재는 한 달에 최소 5천 원으로 잡고 그 이상으로는 자발적인 후원의 형태로 내고 있습니다. 지금 규정은 이렇지만 만약 다음 동문회장이 세워지게 된다면 정관을 넘겨주면서 회비나 재정에 대한 개선사항을 잘 전달할 필요가 있겠다는 생각이 듭니다.

과거 동문회의 구조는 부족한 재정을 동문회장이 부담하는 식으로 많이 진행되었습니다. 동문회장이 되기 전에는 동문회의 체계가 없다는 게 일반 졸업생들의 눈에도 보였기에 체계를 잡는 게 가장 시급한 문제라고 생각했습니다. 근데 막상 제가 동문회장이 되어보니 참 쉽지 않다는 것을 깨닫게 되었습니다. 그래도 법인을 세우고, 법인통장도 만들면서 한 가지씩 개선하려는 노력을 많이 했습니다.

하지만 졸업생 한 명 한 명의 색깔이 뚜렷하다 보니 학년끼리 융화되는 것이 쉽지 않았습니다. 그래서 처음 생각만큼 잘 되지 않아 힘들었던 것 같습니다. 체계를 만든다고 해서 따라오는 것도 아니라는 사실을 깨닫기도 했습니다. 그래도 넋 놓고 있을 수만은 없어 현재 꾸준히 진행하고 있는 것들을 말씀드리면, 동문회장이 단톡을 통해 각 학년 대표에게 중요사항을 전달하는 식으로 소통을 하고 있으며, SNS를 통해 TA 선발공고를 알리며 학교와의 연결고리 역할을 합니다. 또 독서 모임을 주관하는 등의 프로젝트도 진행하고 있습니다.

최근에는 코로나 때문에 대대적으로 모인 적이 거의 없어 아쉽습니다. 사실 공식적으로는 연 2회 동문회를 개최하는 것으로 되어 있는데 현재는 개별적으로 만나 밥을 먹는다든지 소그룹으로 교제를 하는 식으로 진행하고 있습니다. 내년에 동문회장이 누가 될지 모르겠지만, 그분이 조금이라도 더 편하게 동문회를 이끌어갈 수 있도록 다양한 소통 채널을 활성화하려고 준비하고 있습니다. 그중에 〈디스코드〉라는 사이트가 있는데, 졸업생들이 이용할 수 있도록 만들어진 일종의 홈페이지입니다. 만들어진지 얼마 안됐지만, 그래도 꽤 많은 졸업생들이 방문하고 있습니다.

학창시절을 떠올려본다면 우리의 삶은 스스로를 완성해 가는 시간이었다고 생각합니다. 그리고 졸업한 후에는 어느 정도 완성된 내가 세상 속에 녹아들면서 여러 가지 갈등과 어려움을 겪게 되는데, 어쩌면 꿈의학교 동문회가 그런 문제들을 해결할 수 있도록 도와주지 않았나 생각합니다. 특별히 기억에 남는 모임은 '광야교회'라는 모임이었는데 매주 1번씩 서울에서 모였습니다. 그런데 그 모임은 포항에서도 졸업생이 올 정도로 인기가 있었고 졸업생들이 많이 모인 모임이었습니다. 이런 모임들이 좀 더 활성화되면 좋겠다고 생각합니다.

동문회를 운영하면서 감사한 분들이 많이 있습니다. 가끔 연락와서 안부 물어봐주는 동기에서부터 졸업생들의 취직이나 사업에 대한 현실적인 부분에 도움을 주신 부모님들께 감사하다는 말을 전하고 싶습니다. 학교에서도 졸업생들이 잘 모일 수 있도록 광야교회나 졸업생 행사 등을 도와주셔서 너무 감사합니다.

가장 감사한 점은 많이 부족했는데도 불구하고 주변에서 도움을 주시는 분들이 계셨기에 지금까지 동문회를 잘 이끌어갈 수 있었던 것 같습니다. 또 어떤 일을 했을 때 잘 반응해주시고 행사나 모임이 도움이 되었다고 이야기해주었을 때는 정말 저에게 큰 힘이 되었습니다.

앞으로 꿈의학교 동문회가 더 성장해서 지금까

지 받은 은혜들을 다시 되갚을 수 있는 기회가 오면 좋겠습니다. 또 우리 졸업생들이 학교와 부모님들에게 힘이 되어 드리고, 후배들을 위해 TA로서도 더 많이 섬기는 날이 오길 기대합니다. 더불어 우리 꿈의학교 동문회에도 많은 관심을 가져주시면 감사하겠습니다.

앞으로 꿈의학교는…

꿈의학교는 저에게 '터닝포인트'입니다. 일반학교에서는 얻을 수 없었던 것들을 꿈의학교에 온 이후로 많은 것을 얻게 되었기 때문입니다. 꿈의학교에서 공동체생활은 저에게 있어 감사한 시간들이었고 그 시간들이 있었기에 지금의 저의 모습이 만들어졌다고 생각합니다.

꿈의학교는 초창기부터 대안학교계의 떠오르는 희망이었습니다. 학창시절 친구 중 한 명이 다른 대안학교로 전학을 갔는데 그 학교 교장 선생님이 "우리는 이 지역에서 '꿈의학교' 같은 곳이다."라는 말씀을 하셨다고 했습니다. 그만큼 꿈의학교가 선각자 역할을 하고 있다는 것에 졸업생으로서 뿌듯하기도 하고 제가 꿈의학교에 학생이었다는 사실이 너무 자랑스럽습니다.

한편으로는 꿈의학교가 20주년이 되기까지 학교가 여태까지 너무 많은 부담을 가졌겠다는 생각도 듭니다. 하지만 인내의 시간이 있었기에 그 결과물로 좋은 인프라를 잘 활용할 수 있는 환경이 되었습니다. 그래서 학교가 이만큼 성장했으니 우리 꿈쟁이, 졸업생, 학부모님들이 누릴 수 있는 것은 최대한 잘 누리면 좋을 것 같습니다. 그러다보면 또 20년 후에는 자연스럽게 더 많은 사람들이 교류할 수 있는 나눔의 장이 되어 있지 않을까요?

함께 성장하는 가정
'권역모임'

[소개] 교육지원부 이끔이 수락하는 **최수락**

사랑의 공동체 ㈜이롬에서 10년 넘게 근무하다 2010년, 청소년 사역에 대한 예언 기도를 받았다. 직장을 옮기려 할 때 즈음, 꿈의학교에 먼저 가게 된 직장동료의 권유로 2011년부터 꿈의학교에서 일하기 시작했다. 2002년 학교 설립 당시 태초·아멘관 건축을 맡으며 꿈의학교에 처음 발을 디뎠는데, 그로부터 딱 10년 후 꿈의학교로 다시 부름 받아 현재는 교육지원부 팀장으로 사역을 함께하고 있다.

권역모임 및 학부모 교육

학교를 구성하는 사람은 크게 학생, 교사, 학부모입니다. 그중 학부모님은 학교를 운영함에 있어 아주 중요한 역할을 하십니다. 그래서 대부분의 대안학교는 학부모 교육을 강조합니다. 꿈의학교도 학부모 교육을 시작하려는 움직임이 일어났고 2010~2012년 사이에 '학부모 학점제'가 처음 생겼습니다.

그런데 학부모님들이 서로 소통하려면 만나야 하는데, 학생들이 전국에서 오기 때문에 자연스레 학부모님들도 전국에 분포되어 지역적인 한계가 있었습니다. 그러던 중 '만약 비슷한 지역만이라도 묶어주면 더 쉽게 만날 수 있지 않을까?' 생각했고, 그렇게 시작한 모임이 지금과 같은 권역모임의 형태로 발전하게 되었습니다.

학부모 교육의 필요성이 제기된 이슈가 있었는데, 과거 학교에서 핸드폰 사용여부에 대한 토의가 한창 있었습니다. 지금은 당연히 학교 내에서의 핸드폰 사용이 금지이지만, 그 당시만 하더라도 학생들의 핸드폰 사용이 범용화되던 시기였습니다. 그런데 핸드폰 사용여부에 대한 부모님들의 생각은 하나같이 다 달랐습니다. 왜 부모님들의 의견이 상이한지 생각해봤더니 서로 이야기할 기회가 없어서 마음이 모아지지 못했던 것입니다. 그래서 학부모 교육과 권역모임 자체의 필요성을 느꼈고 2014년부터 본격적인 움직임이 시작되었습니다.

그 당시 교장이셨던 꿈지기님과 교감이셨던 깊은님, 그리고 카타리나님이 학부모 교육에 대해 많은 고민을 하셨고 전국을 돌아다니며 부모님들을 만나셨습니다. 선생님들이 오신다고 하니까 그 지역 부모님들은 자연스럽게 모이게 되었고 그렇게 공동체(커뮤니티)가 형성되었습니다.

현재 꿈의학교에 있는 권역은 총 18권역으로, 특별히 수도권 지역은 재학생이 많기에 그 안에서도 여러 권역으로 나뉘게 되며, 인원에 따라 권역이 합쳐지기도 합니다.

권역모임을 통해 얻는 열매는 많습니다. 어떻게 보면 저도 교직원이긴 하지만 졸업생 학부모로서, 자녀를 먼저 학교에 보낸 선배 학부모입니다. 선배 학부모로서 후배 학부모님들에게 해주고 싶은 이야기는 참으로 많습니다. 실제로 현재 학교를 다니고 있는 자녀가 어려움을 겪거나 부모로서 어떻게 해야 할지 모를 때 선배 학부모님들이 해주는 조언은 어떤 누구의 조언보다 마음에 와 닿습니다. 그래서 이런 공식적인 모임을 통해 이야기하는 시간 자체가 큰 혜택입니다.

입학 담당자로 근무하면서 지금은 코로나로 거의 못하고 있지만 찾아가는 학교설명회를 하면 권역의 힘이 얼마나 대단한지 매 번 느꼈습니다. 보통 지역에서 설명회를 연다고 하면 그 권역에 속한 부모님들이 다 같이 모여 준비하십니다. 설명회 특별순서로 학부모님들이 직접 앞에서 교가를 부르는 순서가 있습니다. 학생들은 매주 월요일마다 교가를 부르지만 학부모님들은 어쩌다 한 번씩 부르니 실수하지 않기 위해 열심히 연습하십니다. 심지어는 커다란 전지에 가사를 써 뒤에 붙여놓고 슬쩍슬쩍 보기도 하십니다. 그 모습이 짠하기도 하지만 한편으로는 참 멋있고 사랑스럽다는 생각도 듭니다. 어떻게든 하나 된 모습을 보여주려고 노력하시는 모습이 그 자리에 계신 분들께 전달되었는지는 모르겠지만, 함께 간 선생님들에게는 엄청난 감동으로 다가왔습니다.

매년 학기 초에는 학부모 캠프가 열리는데, 이때의 표어는 '함께 세워가는 가족, 함께 세워가는 학교'입니다. 그리고 꿈의학교 신입생 학부모라면 항상 듣게 되는 말은 바로 '학생만 입학하는 것이 아닌 가족 전체가 입학한다는 것'입니다. 그만큼 학부모님들은 중요한 동역자이기에 꿈의학교에서 학부모 교육은 너무나 소중합니다.

권역모임을 통해 누릴 수 있는 가장 큰 기쁨은 '함께 교류한다는 것'입니다. 자녀의 문제, 부모님들의 이야기, 다른 사람한테 말 못하는 고민도 선후배 학부모님들은 서로 들어주고 위로하며 함께 기도합니다. 이런 학부모 교육과 권역모임이 10년 동안 지속되고 있다는 것에 참 감사할 따름입니다. 그 과정 속에 많은 역할을 감당해 주시는 분은 바로 '권역장님들'입니다. 권역을 이끌어가려면 누군가는 리더의 역할을 감당해야 하는데, 매년 권역장님을 세워 드리는 일이 참 쉽지 않습니다. 지역마다 멀리 흩어져 있기에 모이는 것 자체가 어려운 권역도 많습니다. 하지만 권역장은 특정 인물만 하는 것이 아닌, 언젠가 내가 해야 된다는 생각으로 먼저 나서 주신다면 저희는 더할 나위 없이 기쁩니다. 어떻게 보면 권역장을 맡는다는 것 자체가 희생이자 헌신입니다. 직장을 다니고 가정을 돌보기도 바쁜데, 권역까지 신경 쓰려면 시간도 뺏기고 물리적인 비용도 들어가는 일이기 때문에 꺼리는 것이 당연합니다.

하지만 저는 권역장을 하셨던 분들의 간증이 너무나 감동입니다. 많은 간증 중 한 아버님의 간증이 떠오르는데요, 어느 날은 지역 야구장에서 시구를 하시게 되었는데, "연예인도 아니고, 유명인도 아닌데 어떻게 시구를 하셨어요?"라고 물어보니 그 지역 판매왕으로 뽑혀 시구를 하게 됐다고 말씀하셨습니다. 덧붙여 하시는 말이 "권역모임을 열심히 하니까 하나님께서 복을 주신 것 같다."고 표현하셨습니다. 물론 아버님이 열심히 일하신 것도 있지만 권역장이라는 어려운 자리에 순종하며 함께 모여 기도하는 일에 힘썼기에 하나님께서 주시는 복이 않을까 싶습니다. 이런 간증을 들으면 너무 기쁘고 은혜가 됩니다. 과거뿐만 아니라 현재에도 열심히 섬겨 주시는 우리 권역장님들의 수고가 언젠가는 복으로 되돌아올 것이라 믿습니다.

처음이 어려울 뿐이지 모이면 얻게 되는 혜택도 많습니다. 권역모임을 하면 학부모 학점제가 부여되는 것은 기본이고 학교 선생님들을 초대해 배움의 시간도 가질 수 있습니다. 일반적인 모임은 잡담만 하고 끝나는 경우가 많은데 권역모임에서는 진솔한 이야기도 하고 함께 신앙에 대한 고민도 자연스레 나누게 됩니다. 일단 모이기만 하면 모든 것이 준비되어 있습니다. 만약 권역모임을 망설이는 분이 계시다면 부담 갖지 말고 참여해 보라고 말씀드리고 싶습니다. 이렇게 만남을 지속하다 보면 최소한 몇 년간은 함께한 추억이 쌓이게 됩니다. 그래서 자녀들은 졸업했지만 소중한 인연이 되어 서로 연락하고 지내시는 분들이 많습니다. 실제로 권역모임을 계기로 졸업생 학부모님들의 모임인 'DFM(Dream Family Members)'도 2018년에 만들어졌습니다.

현재도 권역모임은 활발히 진행되고 있습니다. 권역장님들이 밴드에 인증샷도 올려주시며 서로 정보를 공유하고 좋았던 점들을 나눕니다. 그 사진을 바라보고 있노라면 마치 역사의 한 페이지를 쓰는 것 같은 느낌입니다. 사진을 자세히 살펴보면 부모님들만 모여 있는 게 아니라 자녀들도 옹기종기 같이 모여 있습니다. 부모님들의 모임을 통해 아이들이 다시 한번 만나게 되고, 같은 공동체를 형성하며 교육적 가치가 다음 세대로 흘러간다는 사실이 참 의미가 있는 것 같습니다. 흔히 '아이는 마을이 키운다.'라는 말이 있습니다. 지금의 꿈의학교를 보면 딱 어울리는 단어인 것 같습니다. 꿈의학교에 있다 보면 우리 학생들 한 명 한 명은 '남의 자식'이 아닌 '우리 모두의 자녀'입니다.

최근에 기억 남는 권역모임에 대해 이야기하자면, 2022년 학부모캠프 때 있었던 일입니다. 온·오프라인 권역모임이 원활히 이루어지도록 시스템 연결 차 한 권역에 들어간 적이 있습니다. 한 학부모님이 현재 자녀 때문에 너무 아파하며 힘들어하는 상황을 선배 부모님들한테 얘기하셨는데, 제가 있는 줄 모르고 생생하게 이야기하셨던 것 같습니다. 정말 눈물 없이 들을 수 없는 이야기였는데 그 이야기를 들은 선배 부모님은 비슷한 상황을 겪었던 경험을 말해 주시며 해당 부모님을 격려하셨습니다. 진심어린 조언 덕분인지 마지막에는 힘들어하셨던 그 부모님이 안정을 찾으셨던 기억이 납니다. 이런 역사가 일어나기에 권역 모임은 소중한 만남의 장인 것 같습니다. 저도 가끔 자녀에 대해 이런저런 걱정을 하시는 부모님들을 보게 되는데, 선배 학부모로서 저는 이렇게 말해주고 싶습니다.

"기다려주고, 기도해주는 학부모가 되어주세요."

최근에는 코로나로 인해 예전만큼 학부모 교육이나 권역모임이 활성화되지 못해 아쉽긴 합니다. 하지만 오히려 20주년을 맞이한 지금이 바로 다시 활기를 띨 수 있는 전환점이 아닌가 싶습니다. 특별히 올해는 학부모 세미나도 개최하고 오프라인 모임도 조금씩 이루어지고 있습니다. 앞으로도 학부모 교육과 권역 모임을 통해 새롭게 시작하는 마음과 움직임이 일어나길 기대해 봅니다. 그래서 귀한 만남이 이어져 가정, 교회, 학교가 세워지는 기적의 바람이 불길 간절히 바랍니다.

앞으로 꿈의학교는...

저에게 꿈의학교는 '공동체를 알게 해준 곳'입니다. 저는 항상 새로운 환경으로 갈 때는 하나님이 인도하신다는 것을 믿습니다. 꿈의학교에 온 것도 저를 이곳에 부르셨다고 확신하고 있습니다. 저의 약점 중 하나는 개인적인 성향이 강해 어떤 공동체를 마주하는 것이 어렵다는 것입니다. 하지만 꿈의학교는 좋든 싫든 공동체라는 하나의 연결점으로 묶이게 되는데, 저는 이 상황이 싫지만은 않습니다. 어떻게 보면 저를 더 성장시켜 주는 곳이라 느낍니다. 그래서 저는 꿈의학교를 통해 공동체가 어떤 곳인지, 지체를 내가 어떻게 받아들여야 하는지 알려준 곳이라 생각합니다.

20년이 된 꿈의학교는 사람으로 치자면 '성인'입니다. 하지만 성인이라고 해서 모든 것이 완벽한 것은 아닙니다. 우리 주위의 어른만 봐도 겉으로는 그럴 듯 하지만 그 속은 계속 다져지고 있습니다. 꿈의학교도 마찬가지입니다. 그래서 지금껏 해왔던 것들을 잘 돌아보고 정리하는 작업이 필요합니다. 가장 기본적이고 기초가 되는 것들, 우리가 느꼈던 하나님에 대한 사랑을 튼튼하게 다져 성인으로서 그 역할을 잘 감당하는 꿈의학교가 되면 좋겠습니다.

고귀한 생명을 살리는
'고귀한 장학회'

[소개] 고귀한 장학회 대표 요게벳 **이선영**
(졸업생 이끄는, 고귀한, 채우는 모)

2008년부터 첫째를 학교에 보내며 꿈의학교와의 인연이 시작되었다. 2009년은 둘째 '고귀한'이 생을 마감한 해이다. '고귀한 장학회'는 2010년에 만들어졌다. 세 자녀를 꿈의학교에 보냈고 지금은 막내까지 어엿한 성인이 되었다. 현재는 고귀한 장학회 대표이자 졸업생 학부모로서 꿈의학교와의 인연을 이어가고 있다.

고귀한 장학회

꿈의학교와 저희 가정의 만남은 하나님께서 인도하셨다고 믿습니다. 공부를 잘하던 첫째 아이가 중학교 때 게임을 존중(?)하게 되자 남편과 저는 큰 고민에 빠졌습니다. 주일학교 교사로 섬기고 있을 때 어느 날 예배가 끝나자마자 단체로 우르르 달려 나가는 아이들을 보며 어디를 가나 따라가 봤는데 그곳은 바로 PC방이었습니다. 근데 그 무리 속에 저희 첫째도 있었던 것이죠.

큰 아이가 초등학교를 다닐 때부터 대안 교육에 대해서는 관심이 있었습니다. 지인의 소개로 꿈의학교를 알게 되었고, 남편이 의료선교봉사를 가서 알게 된 꿈의학교 학생들을 통해 점점 꿈의학교에 관심을 갖게 되었습니다. 그렇게 꿈의학교에 대한 확신이 들었고 2008년에 첫째를 고1 신입으로, 그 다음 해에는 둘째도 중1 신입으로 두 자녀 모두를 꿈의학교에 보냈습니다.

그런데 어느 날 학교에서 전화가 왔습니다. 둘째가 체험학습을 갔는데 사고를 당했다는 내용이었습니다. 그렇게 저는 둘째를 떠나보내야 했습니다. 고귀한이 하나님 곁으로 갔을 때 장례를 치르는 과정에서 거의 모든 학부모님들이 오셔서 마음을 위로해 주셨고 아픔도 같이 나누었습니다. 장례를 치르고 정신을 차려보니 위로금이 상당했고 아이 앞으로 들어놓았던 사망보험금의 금액이 꽤 되었습니다.

이 큰 금액을 어떻게 해야 하나 고민하고 있을 때, 문득 제 아들 또래의 아이들이 학교를 그만두는 일들이 떠올랐습니다. 당시 꿈의 학교는 쟁쟁한 부모님들이 자녀를 많이 보냈기에 처음에는 별 관심이 없었지만 학교를 잘 다니는 아이들이 갑자기 사라지는 일이 심심치 않게 발생했습니다. 몇 달 후에 알게 된 사실은 가정형편이 안 좋아져 학교를 그만두게 되었다고 했고 그 소리를 들었을 때 저는 억장이 무너졌습니다. 학년 차원에서 부모님들이 조금씩 도와주기도 했지만 장학회가 있다면 최소한 아무 말 없이 그만두는 아이는 없을 것 같다는 마음이 들었습니다. 꿈의학교에 다니는 꿈쟁이들은 '한 번 꿈쟁이는 영원한 꿈쟁이다.'라는 말을 많이 들었을 것입니다. 그 말을 우리가 입에 닳도록 말했는데 학교를 그만두는 아이들을 보니 마음이 너무 아파 최소한 이런 일은 없어야 되겠다고 생각했습니다. 그래서 고귀한이 떠나고 남은 보험금과 위로금, 그리고 기존에 선생님들이 후원하고 계시던 것을 합쳐 2010년에 본격적으로 '고귀한 장학회'를 시작하게 되었습니다.

고귀한 장학회가 생긴 지 벌써 오랜 세월이 지났습니다. 그동안 알게 모르게 장학금을 받은 친구들이 꽤 많습니다. 하지만, 그중에는 본인이 장학금을 받았다는 사실조차 모르는 친구들도 있습니다. 사실 가정형편이 어려워 장학금을 신청하는 건 부끄러운 일이 아닌데 초창기에는 자녀들이 가정형편을 알게 되면 마음이 어려워질까 봐 꿈쟁이들은 모르게 하자는 의견이 꽤 있었습니다. 하지만 시간이 지나며 든 생각은 자신의 가정형편을 제대로 알아야 부모와 자녀가 어려운 상황을 함께 극복해 나갈 수 있다고 생각했고, 이 또한 가정교육의 일환이라고 생각했습니다. 그래서 어느 순간부터는 장학금을 수여할 때 자녀와 충분히 이야기를 나누었는지, 자녀가 가정형편에 대해 알고 있는지 물어보게 되었습니다. 그렇게 매년 고귀한 장학생을 선발하게 되는데 신청한다고 다 받을 수 있는 것은 아닙니다. 장학생 선발 기준과 절차에 따라 접수 기간에 신청서를 내면 장학위원회 구성원들이 함께 기도하며 어떤 학생에게 얼마나 지급할 것인지에 대해 결정하게 됩니다. 그렇게 장학생으로 선발되면 짧게는 1분기, 길게는 1년까지 지원합니다.

장학회는 꿈의학교 공동체라면 누구나 관심을 가져야 하는 우리 모두의 일이고 누군가에게는 정말 간절한 기회가 될 수도 있기에 그 간절한 마음을 알아주시면 좋겠습니다. 가끔 장학금을 신청할 때 '가벼운 마음으로 신청이나 해보지.'라고 생각하시는 분들이 계신데, 그 말을 들으면 마음이 좀 불편합니다. 때로는 제가 고귀한 장학회 대표로 있다 보니 저에게 장학금을 받을 수 있도록 개인적으로 부탁하시는 분들도 계십니다. 저는 단지 대표를 맡고 있을 뿐이고 장학회의 돈은 개인의 돈이 아닌 우리 공동체 모두의 것이기에 개인적으로 들어드릴 수 없습니다. 그런데 이런 취지를 설명 드리면 어떤 분들은 마음이 상하셨는지 한동안 저를 외면하시기도 했습니다. 장학회를 운영하면서는 이런 점이 어려웠는데 이 또한 감수해야 하는 부분이라고 생각합니다.

어려운 일이 있는 만큼 보람도 있습니다. 한 꿈쟁이는 학교를 다닐 때 고귀한 장학금을 받았는데, 졸업 후에도 대학에서 공부를 잘해 장학금을 받는다는 이야기를 들었습니다. 그 이야기를 들었을 때 참 기특했고 보람을 느꼈습니다.

감사했던 순간들도 많습니다. 장학금을 받은 가정의 부모님이 나중에 예수님을 만났다는 이야기, 가정형편이 나아져 장학금을 되갚겠다고 하신 분들 등 장학회를 운영하면서 참 행복한 순간과 감동의 순간이 많았습니다. 제가 지금까지 장학회를 운영하면서 가장 의미 있었던 것은 이 일을 통해 몇몇 가정이 하나님 안에서 회복되는 모습을 본 것이었습니다. 영혼 구원을 했다는 것 자체만으로 충분히 가치가 있기에 이루 말할 수 없는 기쁨을 느꼈는데, 저는 이 기쁨은 순종하는 하인만이 알 수 있는 기쁨이라고 생각합니다.

지금까지 장학회가 잘 운영되었던 것은 많은 분들이 함께 힘을 모아 주셨기 때문인데 생각해보니 참 감사한 분들이 많습니다. 한 분 한 분 다 인사를 드려야 하는데 그러지 못해 죄송한 마음이 듭니다. 그중에 기억에 남는 분들이 있다면 자녀가 학교를 졸업한 후에 후원을 해주시는 분들이 떠오릅니다. 막상 자녀가 재학 중일 때는 후원을 안 하시다가 오히려 졸업 후에, 게다가 적지 않은 돈을 후원해 주시니 너무나 놀라웠습니다. 한편으로 드는 생각은 이게 바로 하나님께서 기뻐하시는 일이고 사람을 살리는 일이라는 것을 깨닫습니다.

꿈의학교는 비인가학교이면서 사립학교이기 때문에 아마 부모님들은 재정계획을 다 세우고 들어오실 거라 생각합니다. 그런데 막상 꿈의학교를 와보면 다른 부모님들과 비교했을 때 상대적 빈곤감을 느껴 장학금을 받고 싶다는 분들이 계십니다. 사실 입학하기 전에 계획을 했어도, 그 계획을 지켜나가는 데 힘드시다는 것을 잘 알고 있습니다. 저도 같은 부모였으니까요. 그럼에도 불구하고 자녀를 키우는데 힘 안 드는 부모는 없듯이 장학회에 신청하시는 한 분 한 분의 마음은 이해가지만 모두에게 다 줄 수는 없는 현실이기에 더 지혜롭게 논의하는 일도 필요합니다.

학생들도 선후배가 있듯이, 부모님들에게도 선후배 학부모님들이 있습니다. 제가 들었던 선배 학부모님 세대에는 자기네 학년에 어려운 아이가 있다면 모두가 힘을 합쳐 대학까지 책임졌다는 이야기를 들은 적이 있습니다. 해당 아이의 이름으로 통장도 만들어 모든 부모가 십시일반으로 모았는데 굳이 대학까지 책임지는 이유가 뭔지 물어봤습니다. "지금도 이렇게 힘든데 대학생이 되면 당연히 힘들 거잖아요? 그래서 대학까지 책임져야할 것 같았습니다."라고 답해 주셨습니다. 이야기만 들어도 너무 감동적인데, 장학회를 운영하면서 이런 사례를 알게 되니 한편으로는 '우리가 장학회라는 이름으로 한 학년의 부모님들이 하나가 될 수 있는 기회를 빼앗은 것은 아닌가?'하는 걱정도 들었습니다. 어쩌면 이런 일을 통해 서로 삶도 나누고 자녀들의 상황을 공유하며 기도 모임 이상의 관계가 형성될 수 도 있었을 텐데, 그 기회를 오히려 우리가 놓치고 있는 것은 아닌지 생각도 했습니다.

우리 학교는 권역모임이나 학부모모임을 통해서 서로의 형편을 나눌 때도 있는데 그게 소통의 통로가 되는 것 같습니다. 힘듦을 나누는 것만으로도 큰 힘이 된다고 생각합니다. 앞으로도 어려운 점이 있다면 물리적인 도움을 주는 것도 좋지만, 먼저 부모님들이 함께 할 수 있는 시간이 있으면 좋겠습니다. 또 이런 시간이 자연스럽게 꿈의학교 모임으로 이어지면 더더욱 좋겠다는 생각도 합니다. 가끔 가정 형편에 대한 이야기를 하는 것 자체를 꺼리는 분들도 계시는데 우리는 하나님께서 붙여주신 동역자이기 때문에 한 가족이나 다름 없습니다. 절대 창피한 일이 아니고, 부끄러운 일도 아니기에 이런 이야기를 자연스럽게 나누는 공동체가 되면 좋겠습니다.

선배 학부모로서 드리고 싶은 말은, 우리 부모님들의 역할이 참 중요하다는 겁니다. "자녀는 부모의 거울이다."라는 말을 들어보셨을 텐데요, 우리는 부모님이 된 이상 자녀를 어떤 마음으로 어떻게 교육하고 가르쳤는지를 한 번 쯤은 생각해 보아야 합니다.

예전에 학교에서 새벽에 학생 혼자 기숙사에서 나와 교실에서 공부를 했다는 이유로 징계를 받은 사례가 있었습니다. 여러분은 이 말을 들으면 이해가 되지 않는 분들도 계실 겁니다. '아니 공부한다는데 칭찬하지는 못할망정 웬 징계?'라는 의문점이 들었을 텐데, 사실 이 사건은 엄연히 학교 규칙을 위반한 사례입니다. 하지만 해당 학생 부모님은 자녀에게 징계를 내린 학교를 전혀 이해하지 못했습니다. 불법을 저지른 것도 아니고 순수하게 공부를 했는데 이게 징계까지 받아야 하는 일이냐며 선배 부모님들에게 질문을 했습니다.

그런데 해당 권역의 한 아버님이 이 부분과 관련하여 '하나님의 법칙 안에서의 순종과 의의'에 대해 이야기하셨습니다. 아버님은 "규칙은 공동체 안에서 지켜내야 그 공동체 전체가 거룩해지는 바탕이 된다."라고 설명해 주셨고 부모님은 뭔가를 깨달으셨는지 순종하는 마음으로 학교 앞에서 텐트를 치고 3일 간 지냈습니다. 징계를 받았던 아이도 규칙을 왜 지켜야 하는지 이해했고 이전보다 훨씬 더 부모님의 말씀에 순종하며 규칙을 잘 지키는 아이가 되었습니다.

저는 가정 안에서 자녀가 부모님의 말씀에 순종하듯이 학교의 규칙이나 교육신조에도 순종해야 한다고 생각합니다. 학교에서도 징계를 줄 때는 함부로 주지 않으십니다. 여러 차례 불법이 쌓이면 수많은 논의를 거쳐 징계가 결정되는데 부모님들은 그 과정은 모르시니 버럭 화부터 내실 수 있습니다. 하지만 성경에서도 하나님은 징계하십니다. 징계한다는 것은 그 학생을 사랑하기 때문에 더 나쁜 길로 가지 않기 위해 막는 일종의 방파제입니다. 그래서 저는 한편으로는 부모님들이 잘 순종할 때 자녀에게도 더 올바른 교육을 보여주지 않나 생각됩니다.

초창기에 꿈의학교에서 부모님들에게 항상 외쳤던 슬로건이 '우리는 동역자입니다.'였습니다. 그래서 '함께 세워가는 학교, 함께 세워가는 가정'을 많이 말씀하셨는데, 그만큼 부모님의 역할이 중요하다고 생각합니다. 졸업생 학부모로서, 또 고귀한 장학회 대표로서, 앞으로도 부모님과 함께하는 학교, 학교와 함께하는 부모님들이 되었으면 좋겠습니다.

다시 장학회 이야기로 돌아오면, 고귀한 장학회가 계속 유지될 수 있었던 것은 많은 분들이 적은 액수라도 후원을 해주고 마음을 모아주셨기에 지금까지 이어져 왔다고 생각합니다. 앞으로 장학회가 더 발전되기 위해서는 많은 분들이 함께해 주시고 더 큰 관심을 가져주셨으면 좋겠습니다. 또한 매년 10월에 진행하는 고귀한 플리마켓을 통해서도 많은 후원금이 모이고 있어 참 감사합니다. 그리고 사실 자녀가 학교를 잘 다니려면 일차적으로 경제적인 요인도 중요하지만, 그보다 더 중요한 것은 우리 '선생님들'이라는 자원이라고 생각합니다. 꿈의학교 선생님들은 훌륭한 멘토입니다. 그래서 선생님의 모습을 보고 자란 아이들이 꿈의학교를 졸업하고도 찾아오는 것은 물론이고 선생님들을 많이 따르는 것 같습니다. 인생에서 어쩌면 만날 수 없는 선생님들을 이곳 꿈의학교에서 만나는 기회를 놓치지 않기를 우리 고귀한 장학회도 응원하겠습니다.

한 가지 소망이 있다면, 꿈의학교 모든 학생들이 이 장학회의 혜택을 누릴 수 있었으면 좋겠습니다. 그리고 샘이 고여 있으면 썩듯이, 우리 장학회가 한 곳에만 머무는 것이 아니라 더 발전하여 언젠가는 꿈의학교를 뛰어넘어 세계 각 곳에 이런 장학회가 많이 생겼으면 좋겠습니다.

앞으로 꿈의학교는…

저에게 꿈의학교는 '하나님의 정원' 같은 곳입니다. 하나님이 항상 이곳을 거니시고 이곳에서 쉬시는 느낌이 드는데, 우리도 하나님의 정원에 머물면서 똑같이 평안함과 쉼을 누립니다. 학생들은 매일 있어서 잘 못 느끼겠지만, 가끔 학교에 방문하는 부모님들은 이곳에 오면 안식과 위로를 받고 갑니다.

또 꿈의학교는 '라마나욧' 같은 곳입니다. 라마나욧은 사울과 다윗이 함께 했던 장소이자 나중에 사울이 다윗을 죽이려고 만나러 갈 때도 사울에게 하나님의 영이 임하여 예언을 했던 곳입니다. 어쩌면 하나님의 영이 이곳에 충만하기에 우리 동역자들은 거짓된 것, 사단에게 사로잡혔던 것들이 풀어지고 해방되는 곳이라 느껴집니다. 실제로 저는 부모님들과 기도 모임을 할 때도 '꿈의학교가 라마나욧이 되게 해 주십시오!'라는 기도를 참 많이 했습니다.

일반 부모님들은 자녀들이 어느 정도 성장하면 스스로 책임지게 합니다. 꿈의학교를 사람으로 치면 이제 스스로 책임져야 하는 나이가 됐는데, 우리가 나이를 먹으면 노후를 준비하듯이 꿈의학교도 마찬가지로 꿈의학교만의 자산이 있어야 된다고 생각합니다. 학생들이 오고 싶어야하는 것은 물론이고, 일반 학교 학생들과 비교했을 때 꿈의학교를 다니는 학생들은 대체적으로 많은 것을 얻어가고 행복감을 느낍니다. 그러면 이 아이들을 길러내는 인적 자원인 선생님들도 꿈의학교에서 일하고 싶고, 지원하고 싶은 학교여야 된다고 생각합니다. 그래서 학교 안의 학생, 교사, 학부모 세 주체가 하나 되어 함께 이루어가는 학교가 되고 서로 좋은 에너지를 주고받으며 발전할 수 있는 그런 학교가 되어야 하지 않을까 생각합니다.

아버지의 사명을 찾아가는
'대디클럽'

[소개] 대디클럽 대표 어깨동무 **박대호**
(도움되는, 섬겨주는, 강인한 부)

2022년 대디클럽 4기 대표로 섬기고 있는 네 자녀의 아버지로, 총 네 명의 자녀 중 둘째, 셋째, 막내를 꿈의학교에 보냈다. 꿈의학교 학부모로서 하나님 나라 교육 운동에 함께 동참하며 대디캠프, 맘캠프 등을 기획하고 아름다운 가정을 회복하고 세우는 일에 사명감을 갖고 임하고 있다.

대디클럽

믿음의 다음 세대를 바로 세우기 위해서는 아버지의 역할이 너무나 중요합니다. '함께 세워가는 학교, 함께 세워가는 가정'이라는 꿈의학교의 가치를 실현하고 하나님께서 원하시는 아버지로서의 사명을 함께 나누고자 대디캠프가 2010년에 처음 시작되었습니다.

시간이 지날수록 아버지들이 해야 할 일들과 하고 싶은 일들이 많아졌습니다. 그리하여 2014년, 꿈의학교 아버지들의 모임인 '대디클럽'이 만들어졌습니다. 현재 대디클럽은 아버지들 간의 유대강화, 크리스천 학부모 교육, 나눔, 봉사를 주 목적으로 하며 주요 활동으로는 가정 회복을 위한 대디캠프, 맘캠프, 부부캠프를 개최하며 꿈의학교의 여러 행사들을 지원하고 있습니다. 더불어 꿈의학교에서 추구하는 교육 이념에 발맞춰 각 분야 전문가를 초청하는 학부모 교육, 장학금 및 선교도 지원하고 있습니다.

저는 현재 대디클럽 4기 대표로 2022년부터 활동하고 있습니다. 역대 대디클럽 대표님들은 다음과 같습니다. 1기 대표 김봉하 님(2013 졸 빙그레, 2018 졸 기쁨주는 부), 2기 대표 김재환 님(2014 졸 진지한, 2016 졸 분명한, 2020 졸 환한 부), 3기 대표 김민균 님(2022 졸 빛나는별 부)을 거쳐 제가 바통을 이어받았습니다. 올해 대디클럽은 10주년을 맞은 만큼 성황리에 운영되고 있습니다.

사실 저는 갑작스럽게 대표가 되었습니다. 2022년 학부모캠프에서 재학생 학부모대표로 신입 학부모님들께 학부모강의를 했던 일이 있었습니다. 그 이후에 저에게 조심스럽게 제안해주셔서 고민 끝에 대디캠프 대표가 되었습니다. 처음에는 부담스럽기도 하고 역대 대표님들처럼 잘할 수 있을까 걱정이 되었습니다. 하지만 순종하는 마음으로 결단하게 되었고 이 자리에서 말하는 한 마디 한 마디가 알게 모르게 영향력을 끼칠 수도 있기에 책임감을 가지며 임하고 있습니다.

대디클럽에서는 다양한 활동을 기획합니다. 그중 매년 꾸준히 진행되고 있는 대디캠프에 대해 소개해드리고자 합니다. 대디캠프는 대디클럽이 만들어지기 전부터 있었던 아주 역사 깊은 프로그램입니다. 올해 대디클럽이 10주년이라면, 대디캠프는 13년째 열리고 있습니다. 대디캠프는 아버지와 꿈쟁이의 관계 회복에 있어서 더없이 좋은 기회를 제공하는 꿈의학교 학부모 프로그램의 대명사라고 해도 과언이 아닙니다.

대디캠프를 통해 1박 2일 동안 아빠와 꿈쟁이가 여러 활동을 하며 소통의 시간을 갖습니다. 첫째 날에는 아버지와 꿈쟁이가 함께 찬양하며 콘서트도 관람하고 텐트도 함께 치며 밤에는 별도 관찰합니다. 둘째 날에는 예배, 레크리에이션, 각종 게임으로 아버지와 꿈쟁이가 쉴 틈 없이 웃다 보면 어느덧 모든 일정이 마무리 됩니다. 물리적으로 짧은 시간이지만 그 속에서 아빠와 자녀는 한 뼘 더 가까워집니다. 그동안 막혀 있던 관계의 담도 허물 수 있는 일종의 가족 회복 프로젝트이기도 합니다.

아무래도 역사가 오래된 만큼 에피소드도 많습니다. 최근에 있었던 일입니다. 캠프 시작 며칠 전, 한 아버님이 갑자기 '구안와사'라는 얼굴 신경 마비 증상이 나타났습니다. 당시 코로나로 인해 온라인으로 대디캠프를 진행했기에 화면으로 서로 얼굴을 보면서 해야 하는데 과연 함께할 수 있을지 모두가 걱정을 했습니다. 걱정스런 마음에 중보기도 팀에도 기도를 요청하며 경과를 지켜봤습니다. 하지만, 아버님께서는 몸이 불편하신데도 불구하고 열심히 참여하셨고 다른 아버님들과 마찬가지로 미션도 다 수행하시며 무사히 캠프를 마칠 수 있었습니다. 독후감도 너무 훌륭하게 써서서 상도 받을 만큼 캠프에 진심이셨습니다. 아버님에게 이 캠프는 어떤 의미를 두고 있기에 이렇게 열심히 참여하신 걸까요? 저는 이때의 일을 잊을 수 없습니다.

역대 대표님들께도 기억에 남는 에피소드가 있냐고 물어봤습니다. 2기 대표님은 대디캠프를 통해 다시 하나님께로 돌아온 한 아버지의 "변화"에 대해 이야기해 주셨습니다. 모태신앙이었지만 도중에 신앙생활을 그만두셨는데 아빠와 함께 참여했던 자녀의 소원이 '우리 아빠가 다시 신앙생활을 시작하는 것'이라고 했습니다. 그 말을 들은 아버님은 그 이후로 다시 교회를 나가기 시작했고 지금은 매일 말씀 묵상과 기도로 하루하루를 살아간다고 하셨습니다.

대디캠프를 통해 아빠와 자녀의 관계가 회복되는 모습을 바라보고 있노라면 힘들었던 순간들이 순식간에 미화됩니다. 그러면 우리 스텝들은 모두가 이구동성으로 외칩니다. "대디캠프, 정말 하길 잘했다."라고 말이죠. 이 짜릿함을 알기에 아무리 힘들어도 계속할 수밖에 없습니다. 아니, 꼭 해야 합니다. 가끔 엄마들이 자식을 낳을 때 다시는 안 낳는다고 하면서 시간이 지나면 그때의 아픔을 까먹고 또 낳는 그런 현상과도 같은 느낌입니다. 이처럼 대디캠프가 주는 기쁨이 있기에 우리는 이 일을 거룩하게 감당하고 있습니다.

힘든 순간도 많이 있었습니다. 대디캠프는 100명이 넘게 참여하는 대규모 행사이기에 수많은 스텝들이 함께 이루어내는 일종의 사역과도 같습니다. 그런데 아무래도 여러 명이 함께 일하다 보니 마음이 하나로 모아지지 않는 경우도 있습니다. 이럴 땐 어떻게 해야할까요? 결국에는 최선의 합의점을 찾아가려고 노력하지만 그 과정은 참으로 험난한 여정과도 같습니다.

대디캠프를 진행한 경험이 많으신 2기 대표님께도 물어봤습니다.
"어떤 점이 가장 힘드셨나요?"
아버님은 이렇게 답해 주셨습니다.
"아빠와 자녀의 관계 회복이라는 좋은 취지로 행사를 기획하기 때문에 자발적으로 참여하는 사람이 대부분일거라 생각하시죠? 하지만 뚜껑을 열어보면 억지로 참여하는 경우가 많습니다. 어떻게 참여하게 되었냐고 물어보면 가장 많은 케이스는 자기들은 신청하지 않았는데 엄마가 신청을 했다는 것입니다. 캠프 날짜에 임박해 참가 안내를 드리면 꼭 아빠와 꿈쟁이 둘 중 한 명은 거부를 하는 사태가 발생합니다. 이럴 때 참 난감합니다."

항상 모든 일을 계획할 때 우리는 순조롭게 잘 진행되기를 바랍니다. 하지만 규모가 점점 커질수록 새롭게 당면하는 어려움은 매번 생기기 마련입니다. 매 회 진행할 때마다 갖가지의 어려움은 있지만 그 어려움이 있기에 앞으로 더 좋은 프로그램이 되길 바라며 기도로 준비하게 됩니다. 그때마다 흔쾌히 도와주시는 우리 부모님들이 참으로 고맙습니다.

하지만 대디캠프와 달리 맘캠프는 여러 가지 여건상 매년 진행하진 못했습니다. 사실 맘캠프도 대디캠프 못지않게 수많은 열매가 맺히는 소중한 행사입니다.

맘캠프 중 기억에 남는 한 가족의 이야

기가 있습니다. 고1 신입으로 들어왔던 자녀가 엄마의 강요에 의해서 입학을 하게 됐는데 학교생활에 거부감을 갖게 되었고, 맘캠프도 억지로 참여를 하게 되었습니다. 맘캠프 미션 중 엄마와의 데이트가 있었는데, 그때 엄마를 놔두고 아이가 도망가 버렸습니다. 그래서 결국 마무리를 못하고 씁쓸하게 끝이 났습니다.

그로부터 2년 후, 그 가족이 다시 맘캠프에 참여하게 되었습니다. 2년 전의 자신의 잘못을 인정하고 엄마에게 진심어린 용서를 구하며 해피엔딩을 맞게 되었는데 우리가 보게 된 것은 바로 '자녀의 변화'입니다. 바로 이런 열매들이 있기에 기회만 된다면 맘캠프도 매년 열고 싶은 마음입니다.

그렇다면 대디캠프와 맘캠프는 어떤 의미가 있을까요? 공통적으로 서로 막혀있던 관계를 허물어간다는 의미가 있습니다. 반대로, 확연히 다른 점도 있습니다. 바로 서로 반대되는 목적을 가지고 있다는 것입니다. 대디캠프는 아버지와 자녀의 친밀도를 형성하기 위한 것이라면, 맘캠프는 어머니와 자녀를 떨어뜨려 놓기 위한 것입니다. 자녀를 떨어뜨려 놓는다는 어감이 조금 이상하게 느껴지실 수도 있지만, 사실 어머니들은 대개 지난 날 동안 어쩌면 자녀를 소유하며 살아왔을 것입니다. 물론 아니신 분들도 있긴 합니다. 대부분 청소년기 자녀들은 아빠와는 관계가 서먹한 아이들이 많지만, 어머니와는 너무 밀착되어 있기 때문에 한편으로는 하나님께 자녀를 맡긴다는 의미로서의 훈련의 시간으로 볼 수 있습니다.

저는 대디캠프 4기 대표로 활동하는 동안 참 많은 것을 깨달았습니다. 건강한 가정을 세우기 위해 그동안 1기, 2기, 3기 대표님들의 노고가 얼마나 대단한 것이었는지 지금에서야 더욱 피부에 와 닿는 것 같습니다. 그래서 저는 형님들의 노고가 헛되지 않도록 그 역할을 충실히 수행하고자 합니다.

어떻게 보면 대디클럽의 가장 큰 행사는 대디캠프와 맘캠프일 수 있지만, 그 외에도 장학 사업, 학년모임 등을 적극 지원합니다. 또한 학년별 캠핑을 위해 작년에는 대운동장에 개수대를 설치하고 최근에는 오래된 양호실도 보수해드리고 알게 모르게 점점 활동 영역이 넓어지는 것 같아 감사할 따름입니다. 앞으로의 대디클럽은 꿈의학교가 있는한 꾸준히 활동할 예정입니다. 처음 세웠던 그 목표를 잊지 않고 겸손하게 맡겨진 일에 최선을 다하는 대디클럽이 될 테니 많은 관심 부탁드립니다.

앞으로 꿈의학교는...

꿈의학교는 제2의 인생을 살아가는 '만남의 축복이 있는 학교'입니다. 자연환경 속에서 자라나는 자녀들은 이곳이 광야라고 느낄지 모르겠지만 시간이 지나고 학창시절을 추억하다 보면 참 아름다운 환경 속에서 살았다는 사실을 깨닫게 되지 않을까 싶습니다.

그중에도 단연 꿈의학교의 보물은 '선생님들'입니다. 선생님과 이렇게 친밀하게 관계를 맺을 수 있는 학교가 이 세상에 또 어디 있겠습니까? 심지어는 학부모님들도 선생님들과 너무 친해서 주기적으로 운동도 같이하며 친목도 다집니다. 제가 어렸을 때 생각했던 멀리 계시는 선생님, 가까이 하기 어려운 선생님이 아닌 만남의 축복 가운데 우리가 있다고 생각합니다.

꿈의학교에 일단 발을 들이게 되면 우리는 기독교공동체로 묶이게 됩니다. 기독교인이 아닌 일반적인 아버님들의 삶은 세상적인 경우가 많을 것입니다. 그런데 이곳은 그런 위험으로부터도 안전한 울타리가 되어주는 곳인 것 같습니다. 꿈의학교가 아니었다면 만나지 못했을 학부모님들과의 만남이 저에게는 또 하나의 교회 공동체가 되었습니다.

　꿈의학교는 '함께 세워가는 학교'입니다. 졸업생, 학부모님들이 다시 학교를 찾으려면 결국에는 학교에 대한 좋은 추억과 애착이 있고 머릿속에 기억되는 학교여야 합니다. 즉, 마음을 얻어야 한다는 말인데, 그 마음을 잃지 않기 위해서는 건강한 학교가 되면 좋겠습니다. 그래서 투명한 학교 운영과 교직원들 간의 연합을 통해 그 모습을 지향하기를 소망합니다.

학

LEARNING

눈빛이 빛나는
'솔로몬 학술제'

[소개] 연구소 이끔이 여상한 **권선영**

학부 졸업 후 대학원 면접을 보던 중 교수님이 하신 질문은 "결국 네가 하고 싶은 것은 무엇이냐?"이다. 주저 없이 "아이들이랑 함께 재밌는 교육을 하고 싶습니다."라고 말했다. 그때부터 청소년 문화에 관심이 많았고 지인의 우연한 소개로 꿈의학교 음악교사에 지원했다. 2006년부터 근무하며, 17년이 지난 지금, 여전히 꿈의학교에서 아이들을 가르치며 즐겁게 살아가고 있다.

솔로몬 학술제

2005년에 솔로몬 학술제가 시작되었습니다. 맨 처음 시작할 때는 학술제의 느낌보다는 몇몇 교과의 수업 결과물을 발표하는 느낌에 가까웠습니다. 문학의 밤, 음악회, 연극, 심지어는 체육대회까지 다양한 프로그램으로 구성되어 있었습니다. 지금 형태의 솔로몬 학술제로 자리 잡기 시작한 것은 2013년부터입니다.

제가 처음 학교에 부임했을 때 학술제가 2회를 맞이했는데 오자마자 작년 순서지를 받으며 학술제 프로그램 중 음악회를 진행해야한다는 미션이 주어졌습니다. 학교 분위기나 학생들도 제대로 파악하지 못한 상태에서 진행한 음악회를 한 마디로 표현한다면 '망.했.다.'였습니다. 뭔가 잘못되었다는 것을 느끼고 저는 억울한 마음도 들었지만 한편으로는 칼을 갈았습니다. "해내고야 만다."라고 다짐하며 한 해 한 해 프로그램을 업그레이드시켰고 저 역시 함께 성장했습니다. 솔로몬 학술제도 많은 선생님들과 함께 시행착오를 겪으며 2013년에 비로소 오늘날과 같은 형식의 학술제로 자리매김하게 되었습니다.

솔로몬 학술제의 목적은 하나님 사랑, 이웃 사랑을 바탕으로 인류의 문제를 해결할 수 있는 실력을 기르는 것입니다. 이러한 목적을 바탕으로 학생들은 스스로 연구하여 발표하게 되는데 이 과정 속에서 문제해결력과 자기주도능력을 기르게 됩니다. 그리고 꿈의학교만의 색깔과 특징을 담아냅니다. 단순히 나 혼자 잘 먹고 잘 살기 위한 연구가 아닌, 힘든 사람을 도울 수 있는 마음을 기르고 실질적인 해결책을 연구하며 자발적으로 임하게 되는 것. 이것이 바로 학생들이 얻어가는 가장 큰 가치라고 생각합니다. 어떻게 보면 요즘 4차 산업시대에 필수역량으로 꼽히는 자기주도능력과 문제해결력을 학술제를 통해 기르고 있습니다.

인류의 문제를 고민하다 보면 자연스럽게 자신이 어떤 사람인가를 먼저 돌아보게 됩니다. 역사가 오래된 만큼 우수한 결과물들도 많이 있었는데 개인적으로 기억에 남는 주제는 '다이어트'에 관해 연구한 한 여학생이었습니다. 극단적인 다이어트를 하는 일상을 반복하며 결국에는 식이장애로 몸이 망가지는 걸 겪은 후에야 있는 그대로의 모습을 사랑하지 못했던 자신을 발견하게 되었습니다. 남이 보는 나의 모습에만 치중하여 살아갔던 스스로를 성찰하고 더 나아가 타인에 대한 시선까지 연구하게 되었습니다.

결국에는 다이어트라는 주제로 시작했지만 그 연구를 통해 발견했던 수많은 가치는 그해 2등을 수상하며 모두에게 울림을 주었습니다. 단순히 결과물로서 평가한 것이 아니라 수개월 간의 과정을 옆에서 직접 지켜봤던 사람으로서 그 주제가 더욱 인상 깊었던 것 같습니다.

솔로몬 학술제는 짧게는 몇 개월, 길게는 몇 년에 걸쳐 연구가 진행됩니다. 솔로몬 학술제를 기획하는 입장에서 가장 어려웠던 부분은 '학생들에게 어떻게 하면 효과적으로 동기부여 해줄 수 있을까?'입니다. 일부 학생들은 졸업 요건이기에 어쩔 수 없이 억지로 하는 경우도 있고, 누군가에게 보여주기 위한 연구에만 몰두하는 경우도 있습니다. 인류의 문제를 해결하기 위한 본질적인 고민에서부터 출발해 적극적인 동기부여가 일어날 수 있도록 하는 것이 기획하는 입장에서는 가장 큰 숙제입니다.

하지만 반대로 정말 최선을 다해 연구에 임하는 학생들도 많습니다. 대외적으로 솔로몬 학술제를 설명할 때 빼놓을 수 없는 사례는 '로켓 동아리'입니다. 로켓 동아리는 유일하게 몇 년간 지속 가능한 연구가 이루어지고 있으며 선배들이 졸업하면 후배들이 이어받을 정도로 역사가 깊습니다. 셀 수 없을 정도로 수많은 실패를 하며 노하우가 생기기도 하고 밤을 꼴딱 새우며 문제를 해결하려고 발버 둥 칩니다. 지금은 웃으며 이야기하지만 당시에 매우 아찔했던 에 피소드가 있습니다. 주말에 너무 열심히 실험을 한 나머지 과학실에 불이 난 아찔할 상황이 발생했었습니다. 다행히 주변의 선생님들과 학생들이 곳곳에 있는 소화기를 들고 응급처치를 하며 잘 대처했습 니다. 수년간 연습했던 소방훈련의 실전을 경험한 아주 기억에 남는 사건이었습니다.

솔로몬 학술제는 DJ3학년과 고2학년이 예선을 거쳐 각각 최종 3 위에 오른 팀만이 본선을 치르게 됩니다. 예선을 치르며 한 가지 아 쉬운 점은 주로 학교에서 연구를 진행하기에 학생들이 이용할 수 있

는 장비나 시설에 한계가 있다는 것입니다. 노후 된 것은 물론이고 연구 분야가 너무 방대하다 보니 선생님들의 지원도 한계가 있습니다. 지금은 조물락(메이커스페이스)이 생겨 어느 정도 충족시켜 주고 있지만 소프트웨어와 하드웨어가 잘 마련된 곳에서 아이들이 마음껏 연구할 수 있도록 해줄 수 있기를 바랍니다.

그럼에도 불구하고 열악한 환경 덕분에 그 문제를 스스로 해결하려는 기특한 친구들도 있습니다. 주어진 상황과 환경이 부족하더라도 그 속에서 최대한의 연구를 해나가려는 적극적인 모습은 학생들이 한 뼘 더 성장할 수 있는 기회가 됩니다.

솔로몬 학술제를 진행하다 보면 가장 뿌듯한 순간은 아이들의 '눈빛'을 바라보는 것입니다. 눈에 불을 켜고 연구에 집중하는 모습, 실험에 성공해 기뻐하는 모습, 눈빛을 반짝반짝 치켜뜨며 밤새워 문제를 해결하는 그 열정 가득한 모습들이 많이 발견됩니다. 심지어는 평소에 아무 존재감이 없던 녀석이 솔로몬 학술제에서 빛을 발하는 경우도 있습니다. 마치 솔로몬 학술제를 위해 태어난 것처럼 말이죠. 그 모습 자체가 저에게는 선물이고, 가장 보람된 순간이라고 꼽을 수 있습니다.

하지만 그 과정에서도 어려움은 반드시 존재합니다. 팀을 이루어 하는 경우가 많기에 싸우는 일도 부지기수입니다. 또 마감기한이 다가오면 밤늦게까지 하는 경우가 많은데 아이들끼리만 있을 순 없으니 임장교사가 반드시 함께 있어야 합니다. 선생님들은 기꺼이 아이들을 위해 늦은 시간까지 함께 해주십니다. 때로는 "선생님, OO가 필요해요."라고 요구하면 바로 시동을 걸어 차를 몰고나가 재료를 구해 주십니다. 드러나든 드러나지 않든 이 모든 교육과정 속에 많은 이들이 함께하고 있다는 것을 저는 이 순간을 통해 매번 느끼고 있습니다.

최근 들어 솔로몬 학술제는 다방면으로 확장되고 있습니다. 학술제라고 하면 연구나 실험만을 생각하기도 하는데 그 외에도 책쓰기, 사회문제탐구, 예과 전시회 등 다양한 영역으로 뻗어 나가고 있습니다. 또한 국내 문제에만 국한하지 않고 해외로 시야를 넓혀 선교사님들과 협력한 연구들도 있습니다.

예를 들어, 전기가 열악한 선교지에 라즈베리 와이파이를 설치해 공부환경을 만들어준다거나 캄보디아 정수 문제를 해결하기 위한 해결책을 선교사님과 함께 의논하기도 합니다. 또한 수경장비를 통해 토질이 안 좋은 곳에서도 농사를 할 수 있게끔 스마트팜을 개발한 경우도 있습니다.

솔로몬 학술제를 하다보면 대부분 학창시절에만 일시적으로 반짝 연구하고 지속 가능하게 이끌어가는 경우는 찾아보기 어렵습니다. 하지만 삶에 좋은 도전과 계기가 되어 졸업 후에도 관련 분야에서 활동을 하는 졸업생도 있습니다. 앞으로도 솔로몬 학술제가 학생들의 삶에 좋은 도전이 되어 5년 후, 10년 후에는 좋은 소식이 있기를 바랍니다.

기존 솔로몬 학술제가 학생 중심이었다고 하면, 2021년에는 최초로 〈제1회 교사 솔로몬 학술제〉가 열렸습니다. 꿈의학교는 학생들뿐만 아니라 선생님들도 끊임없이 연구하십니다. 수업을 넘어 관심 분야에 대해 깊이 연구하시는 분들도 많지만 서로 바쁘다 보니 어떤 연구를 했는지 모르는 경우가 많습니다. 서로에게 더 좋은 자극과 건강한 동기부여를 위해 교사 솔로몬 학술제의 필요성이 논의되었고 실제로 개최되었습니다.

더 나아가 큰 그림을 그린다면 교사와 학생이 함께하는 솔로몬 학술제가 개최되기를 바라고 있습니다. 지금은 학생과 교사가 따로 연구를 하지만 교사와 학생이 함께 연구한다면 아이들의 생각도 넓혀지고 또 반대로 선생님도 학생을 통해 미처 바라보지 못한 부분을 발견하게 될 수 있을 것입니다. 이러한 선한 상호작용이 곧 일어나기를 기대합니다.

2013년부터 본격적인 솔로몬 학술제가 시작되었으니 2023년이 되면 10주년을 맞이하게 됩니다. 그래서 현재 계획하기로는 10주년을 맞아 많은 부분을 개편하고 새로운 것들을 시도해 볼 예정입니다. 또한 지금은 DJ3학년과 고2를 중심으로 솔로몬 학술제가 이루어지는데, 타 학년 중에도 원하는 학생이 있다면 일부 팀이 참여할 수 있게 하고 예선 기간도 늘려 더욱 풍성한 축제의 장을 마련하고 싶습니다.

앞으로 꿈의학교는...

꿈의학교는 저에게 '어떤 어른으로 성장할 것인가'를 고민하게 해준 곳입니다. 왜냐하면 대학을 졸업하고 바로 이곳에 왔을 때가 20대였기 때문에 아직 제 안에 분명한 교사상에 대한 확신이 없었습니다.

아이들을 만나는 모든 선생님들이 느끼시겠지만 이곳은 단순히 지식전달로 끝나는 곳이 아닙니다. 함께 먹고 자며 같이 살아가는 곳입니다. 제 한 마디가 미치는 영향력이 크다는 것을 안 순간 저는 '어떤 어른이 되어 어떤 영향력을 주는 사람이 될 것인가?'에 대해 지금까지도 끊임없이 고민하고 있습니다. 그래서 저는 꿈의학교를 '기분 좋은 긴장감을 주는 곳'이라 설명하고 싶습니다.

앞으로도 꿈의학교가 건강한 교육 생태계로서의 역할을 잘 감당 했으면 좋겠습니다. 30주년, 40주년이 있으려면 정말 꿈의학교만의 가치나 활동에 더 집중해야 하지 않을까 생각됩니다. 그러기 위해서 는 교육과정도 끊임없이 연구해야 합니다. 학교에서 추구하는 가치 와 고유성의 중심을 잘 지키는 것. 어떻게 보면 솔로몬 학술제도 그 중심을 유지할 수 있는 단단한 발판 역할을 하고 있는 것 같습니다. 학생들을 가르칠 때도 방향성만 알려주기보다 왜 그 방향으로 가야 하는지 계속 질문을 던져주는 학교가 되면 어떨까요?

꿈의학교 2.0
'성숙의 시대'

[소개] 꿈의학교 2대 교장 꿈지기 **이종삼**

2004년 8월, 꿈의학교 교직원들을 대상으로 강의하러 왔다가 1대 교장 의로운님의 제안으로 2004년 10월부터 정식 교직원으로 일하게 되었다. 하나님의 인도하심이라 생각하며 2005년부터는 교감으로, 2013년에는 교장직무대행을, 그리고 2014년부터 꿈의학교 2대 교장으로 섬기며 2019년을 끝으로 은퇴했다. 이후 명예교장으로 꿈의학교를 왕래하며 말씀을 전하고 현재는 'TN mission' 대표로 매일 하나님의 말씀을 유튜브 영상으로 전하고 있다.

꿈의학교 2.0 시작

꿈의학교와 처음 인연을 맺게 된 시기는 2004년부터였습니다. 당시 꿈의학교 교직원들을 대상으로 교육학 강의를 하러 왔는데, 매주 강의하다보니 어느 날은 1대 교장 의로운님이 함께 일해보지 않겠냐고 제안을 하셨습니다. 처음에는 당황스러웠지만 의미 있는 일이라 생각해서 2004년 10월부터 교직원으로 함께 일하게 되었고, 2005년부터는 개발원장 겸 교감으로 일하게 되었습니다.

2005년부터 8년간 교감으로 일했고 2013년에는 교장 직무대행을 맡았으며 2014년에 정식으로 꿈의학교 2대 교장이 되었습니다. 꿈의학교가 성장하는 동안 저는 부모같은 심정으로 학교를 바라봤고 운영했습니다. 자식 같은 꿈의학교가 벌써 어엿한 성인의 나이가 되다니 참으로 감사할 따름입니다.

교장이 되기 전에도 오랫동안 교감으로 있었기에 전반적으로 학교가 어떻게 돌아가는지, 어려운 점은 무엇이었는지 옆에서 항상 함께 했습니다. 2대 교장으로 취임한 후에도 당면한 과제들이 참 많았는데 지금 생각해보면 어렸웠던 점이 먼저 떠오릅니다. 그중에서 가장 어려웠던 점은 단연 재정적인 부분이었습니다.

한창 성장하는 시기였기에 건물도 지어야 하고 이것저것 필요한 것이 많은데 정작 우리에게는 돈이 없었습니다. 그래서 어쩔 수 없이 빚을 질 수밖에 없었는데, 일반적으로 학교 법인은 빚이 없기 마련입니다. 하지만 우리는 돈이 필요한 상황이었고 교육청 쪽에서도 빚이 있다는 사실에 화들짝 놀랄 만큼 정상적인 케이스는 아니었습니다. 그래서 제 스스로 느끼기에도 하루 빨리 빚을 청산하는 것이 가장 중요한 일이었습니다.

꿈의학교는 순전히 학생들의 학비로 운영되는 곳이기에 학생 모집은 경영에도 큰 영향을 주었습니다. 그 생리를 알았기에 여러 가지 방안을 고안했고, 고민 끝에 전국 단위의 '권역'도 탄생하게 되었습니다. 그렇게 형성된 권역을 통해 꿈의학교를 알릴 수 있는 기회가 열리며 그 결과물로 전교생이 305명까지 늘어났던 시절도 있었습니다. 활발한 학교운영을 통해 조금씩 빚을 청산하게 되었고, 어느 시점이 되어서는 교육을 위한 투자도 필요하다 생각되어 빚 청산은 잠시 미루고 건물을 짓는 등 다른 영역의 내실화를 위해 힘쓰기 시작했습니다.

꿈의학교 교장을 한 마디로 표현하자면 '응급실 당직 의사'라고 말하고 싶습니다. 왜냐하면 끊임없이 문제들이 발생하면 그 문제가 종료될 때까지 5분 대기조 같이 마음을 놓을 수 없었기 때문입니다. 일례로, 교장 재임 시절, 한 학생이 생활관에서 다쳤다는 연락을 받았습니다. 그나마 가깝고도 큰 병원인 단국대병원으로 갔는데 그곳에서는 치료가 안 된다고 하여 선생님이 아이를 데리고 급히 서울로 이동했습니다. 저는 전화통화로 중간 상황보고를 받았는데 어쩌면 저의 영역이 아닌 부분까지도 보고를 받으며 상황이 종료될 때까지 지켜보는 과정이 마치 응급실 당직 의사 같은 역할이지 않나 하는 생각이 들었습니다. 이뿐만 아니라 학교에서는 단기선교, 졸업여행, 해외연수라는 명목으로 짧게는 몇 주, 길게는 몇 달 동안 타지에 학생들과 선생님들이 머무는 경우가 종종 있습니다. 해외에서는 어떤 사건사고가 일어날지 몰라 방심할 수 없기에 무사히 귀국하는 날까지 긴장의 끈을 놓지 못했습니다.

교장 재임 시절 가장 위기라고 생각했던 순간을 떠올리자면, 바로 꿈의학교의 정체성에 대해 고발을 받았을 때입니다. 사실 고발당하기 전까지 어쩌면 들키지 않고 잘 넘겼던 부분일 수도 있습니다. 하지만 '꿈의학교'라는 이름을 쓴 것, 그리고 인가받지 않은 학교에서 학생들을 데리고 있다는 사실은 재판까지 가게 된 심각한 상황이었습니다. 평생 법원에 갈 일이 없었는데, 어쩌면 이 사건으로 인해 꽤 긴 시간 동안 법원 출석을 하며 마음 졸였던 것 같습니다. 사실 벌금만 내고 끝낼 수도 있었으나 이 사건은 우리 학교만의 문제가 아니라 다른 대안학교들에게도 선례가 되는 일이기에 한편에서는 꿈의학교가 잘 싸워줘야 된다는 의견이 있었습니다. 시간이 흐르고 훗날에는 대안교육기관법이 통과되었지만, 그 당시에는 법이 통과되기 전이었기에 대법원까지 가게 되었습니다. 대법원에서의 판결이 2020년에 나왔고, 결과는 패소였습니다. 그때가 바로 제가 교장 임기를 끝내는 시기이자 자연스레 꿈꾸는님이 3대 교장으로 취임하게 된 시기입니다.

2대 교장으로서 우여곡절의 시간도 많았지만 보람된 순간도 많았습니다. 그중 가장 기억 남는 것은 매해 올해의 키워드를 선포했던 것이었습니다. 어느 날 한 교직원이 "올해의 키워드는 무엇입니까?"라는 질문을 했습니다. 그 선생님은 무심코 던진 질문이었지만, 저에게는 우리가 중심으로 가져가야 할 것에 대해 생각하는 계기가 되었습니다.

새해가 되면 새해 다짐을 하듯이, 매해 우리가 중심으로 가져가야 하는 것이 무엇인지 생각하고 다짐하는 시간은 꼭 필요합니다. 그래서 2013년, 맨 처음의 키워드는 '뒷담화 제로'였습니다. 학생이든 교직원이든 우리 안에 여러 가지 뒷담화로 인해 힘들어하는 경우가 많았습니다. 그래서 뒷담화를 없애자는 취지로 시작하게 되었고, 그 다음 해에는 '기본에 충실하자.'라는 의미의 'Back to Basic'을 선포했습니다. 이후로도 '내가 거룩하니 너희도 거룩하라.', '예수님은 나의 왕이십니다.'라는 키워드를 계속 선포했고 우리 학교가 나아가야 할 방향에 대해 집중하게 되었습니다. 처음에는 한 선생님의 질문에 응답한 것 일뿐인데, 돌아보니 키워드를 통해 초점을 분명히 한 것은 꿈의학교가 나아가야 할 방향을 제시한 것 같아 보람이 됩니다.

또 보람된 순간이 있다면, 학교의 내실화를 위해 '교육신조'를 만들었던 일입니다. 학교에 들어오는 모든 교직원, 학생, 학부모는 신앙고백을 하며 하나님이 누구신지에 대한 분명한 정체성을 확립하는 것이 중요합니다. 분량으로 따지면 불과 2~3페이지 정도밖에 되지 않지만, 그 교육신조를 만들기 위해 엄청난 에너지와 신학적인 논쟁도 있었습니다. 하지만 신학의 가장 첫 출발은 신앙고백이라는 사실은 누구도 부인할 수 없습니다. 하물며 하나님의 군사들을 기르는 학교에서 신앙고백은 무엇보다 중요하기에 힘들어도 끝까지 해낼 수 있어서 참 뿌듯합니다.

이외에도 교직원의 정년 시스템을 만든 것, 그리고 학부모님들이 모여 서로 교류하는 권역시스템과 학부모학점제를 만든 것이 참 보람된 일입니다.

저는 꿈의학교에서 2019년을 끝으로 2대 교장으로서의 정년을 맞았습니다. 앞으로의 삶의 방향성을 위해 고민하던 중, 예전부터 은퇴를 하면 선교지를 가야된다는 생각이 들었습니다. 그렇게 인도로 선교를 갈 준비를 하던 중 코로나가 터졌고 비자발급이 어렵게 되어 난항을 겪었습니다. 그렇게 생각했던 방향이 틀어지면서 선교지를 못 가게 되었고 이 또한 하나님의 응답이라 생각하며 다음 스텝을 고민하고 있었습니다.

보통 DTS나 선교훈련을 가게 되면 일정의 비용을 지불해야 하는데, 문득 생각해보니 저는 꿈의학교라는 공간에서 돈을 받으며 일종의 훈련을 받았다는 생각이 들었습니다. 그 훈련 중에서 가장 중요한 영역은 '성경통독'을 한 것이라 생각합니다. 지금까지 수십 차례 성경통독을 했고 실제로 학생들과 성인들을 대상으로 성경통독 캠프도 진행하게 되었는데, 은퇴를 하고 보니 지금까지 했던 성경통독의 내용을 정리해 보자는 생각을 했습니다.

유튜브의 전성기라 불리는 지금 이 시대에 수많은 콘텐츠들이 있지만, 저도 유튜브로 성경을 정리하고 말씀을 전달하기 위해 영상편집을 배우기 시작하며 지금은 자녀들의 도움을 받아 'TN mission'이라는 유튜브 채널을 운영하고 있습니다. TN은 'Truth Nomad'를 의미하는 단어로 진리를 따라 살아가는 믿음의 여정을 의미합니다. 온라인으로 전 세계에서 하나님의 말씀을 함께 사모하고, 사랑하는 믿음의 여정을 함께하고자 2021년에 개설하며 매일 짧은 성경과 말씀을 올리고 있습니다.

지금은 하나님께서 이 일 외에는 다른 길을 열어 주시지 않았기에 힘들지만 성경 말씀을 잘 요약하고 정리해 보자는 취지도 있습니다. 매일 영상을 업로드하는 게 정말 어려운 작업이라는 것을 매일 느끼면서 이 작업을 언제까지 할지는 모르겠지만 하나님께서 인도해 주시는 만큼 해보려 합니다.

한편으로 감사한 것은 보통 일반 학교에서 교장이 퇴임을 하면 이름도 없이 빛도 없이 조용히 사라지는 게 대부분입니다. 하지만 꿈의학교는 반대로 저를 명예교장이라는 이름으로 불러주고 있습니다. 그래서 지금도 가끔 꿈의학교를 가면 반갑게 맞아주고 필요한 영역에서 조언을 구하기도 하는 등 이 점이 다른 학교와는 다른 꿈의학교만의 차별점이라고 생각합니다.

또한 바라기는 꿈의학교가 신본주의 교육을 계속 지향했으면 좋겠습니다. 요즘 세상은 자기중심적이고 인본주의가 주를 이루지만, 하나님을 믿는 우리들은 신본주의를 지녀야 합니다. 우리는 평소 당연하게 여겼던 것이 갑자기 사라지면 비로소 정말 중요했다는 것을 깨닫는 경우가 종종 있습니다. 만약 신본주의 교육이 없고 하나님이 학교에 계시지 않다면 꿈의학교는 존재이유 자체가 없습니다. 그래서 학교에서는 신본주의 교육이 철저히 이루어져야 하고 하나님 없이는 살아갈 수 없다는 사실을 명심하며 조금이라도 변질되지 않기 위해 깨어있어야 합니다.

학교의 모든 구성원들은 세상에서 말하는 실력보다 예수님을 닮아가는 인격과 성품이 우선되어야 합니다. 하지만 최근에는 코로나로 학교의 정체성이 좀 약화된 것도 눈에 보여 안타까울 따름입니다. 예를 들면, 졸업생 학부모님들 같은 경우에는 기존의 학교 정체성과 맞물려 교육이념이 잘 공유되었지만, 새로 들어온 학부모님들은 코로나로 인해 학교에 자주 오지 못하고, 권역모임도 활발히 활동하지 못하기에 어쩌면 꿈의학교 교육에 가장 기본 바탕이 되는 신본주의 교육의 밑바탕이 잘 깔리지 못하는 경우가 많습니다. 그래서 이런 모습들이 눈에 보이면 저는 긴장이 됩니다. 지금은 비록 꿈의학교에서 살고 있지는 않지만, 공동체가 잘 되길 바라는 마음에 항상 기도하며 응원하고 있습니다.

그리고 마지막으로 감사한 분을 이야기하고 싶습니다. 너무나 많지만 가장 감사한 분은 고귀한 강성재 부모님입니다. 그 부모님들이 아니었다면 꿈의학교 존재 자체가 불가능할 수도 있었는데, 꿈의학교가 계속 이어질 수 있도록 마음을 써주셔서 평생을 감사해도 다 갚지 못하는 잊을 수 없는 분들입니다. 이 자리를 통해 감사의 마음을 다시 한번 전하고 싶습니다.

앞으로 꿈의학교는...

꿈의학교는 저에게 있어 자식같은 존재입니다. 제가 낳지는 않았지만 그만큼 애정이 있고 잘 되기를 바라는 마음과 생각이 큽니다. 그래서 학교가 아프면 저도 아프고 품 안의 있는 아들과 딸 같은 느낌입니다.

교장 재임 시절 강조했던 키워드 중 하나는 '내가 거룩하니 너희도 거룩하라.'라는 말씀입니다. 우리가 거룩하려면 하나님께 순종하고, 말씀을 연구하고 준행하며, 그것을 다음세대에 가르치는 것. 이 삼박자가 맞아야 된다고 생각합니다.

꿈의학교가 20살이 됐다는 건 어찌 보면 어설픈 성인으로서의 첫 걸음을 내디딘 순간이라고 볼 수 있습니다. 그래서 몸은 성인이지만 그 내면은 부족한 부분도 많을 것입니다. 이전에는 어물쩍 넘어간 부분도 있고 미숙한 영역들도 분명 있었을 것입니다. 하지만 이제 온전한 성인으로 자라나려면 그 나이에 맞게 요구되는 것들이 있습니다. 예전과 똑같이 행동하고 생각하면 안 된다는 뜻이죠. 과거에는 진흙탕 같은 곳에서 기반을 쌓았다면 지금은 조금 더 업그레이드 된 바탕에 건물을 세우는 마음가짐으로 미래를 그려나가야 합니다.

　더 중요한 것은 우리의 정체성을 지키는 것입니다. 세상에서는 입시와 경쟁 속에서 치열하게 살아가는 방법을 배우기를 요구하고 있습니다. 하지만 우리는 구별된 삶을 살기를 원합니다. 이스라엘 백성, 그중에서도 레위인이 구별되게 살았던 것처럼 우리도 구별되어 살기를 바랄 뿐입니다.

졸업생 학부모님들의 모임 'DFM'

[소개] DFM 대표 느헤미야 **김정래**
(졸업생 예배자/브라이드 부)

아이들이 어렸을 때, 가족 전체가 비즈니스 선교를 준비하고 있었다. 어느 날 황성주 이사장님의 강의를 듣던 중 꿈의학교에 대해 알게 되었고 한창 일반학교를 다니던 첫째가 하루는 "일반학교를 다니면서 정말 하나님의 나라와 의를 위해 살 수 있는 건가요?"라고 울면서 질문을 했다. 이 질문이 충격적으로 다가왔고, 곧바로 기독교 대안학교를 보내기로 결심해 꿈의학교에 지원했다. 첫째가 2010년 중1 신입으로 다니게 되었고, 이후 둘째도 꿈의학교를 보내 둘다 무사히 졸업을 하였다. 꿈의학교 운영이사와 학운위 위원을 역임했으며 현재는 졸업생 학부모이자, DFM 2기 대표로 활동하고 있다.

Dream Family Members

'Dream Family Members'는 꿈의학교 졸업생과 졸업생 학부모님들이 패밀리로서 지속적으로 함께하고, 사회생활을 막 시작하는 자녀들에게 인생 선배로서 도움을 줄 수 있는 네트워크를 이루어 나가기 위해 만들어졌습니다. 대안학교 역사상 졸업 이후의 공식 모임을 만든 곳은 아마 없지 않을까 싶은데, 원래 한국의 정서가 자신의 자녀에게만 초점을 맞추기 마련인데 꿈의학교 학부모라면 내 자녀를 넘어 내 자녀의 친구들도 다음 세대라는 것을 함께 느끼며 감당하려고 하고 있습니다. 그래서 DFM을 통해 하나의 지역 교회를 만들어가며 좋은 가치들은 흘려보내는 역할을 하고자 합니다.

DFM은 2018년 3월 1일에 발족되었습니다. DFM 1기는 2018~2021년까지 활동했고, 빙그레/기쁨주는 아버님께서 대표를 맡으셨습니다. DFM 2기는 2022년 3월 1일에 출범했습니다. 현재 2기 조직구성원은 대표, 부대표, 총무, 회계, 감사로 구성되어 있으며, 사역의 기본 모토는 '드리머 프로젝트' 입니다. 드리머 프로젝트는 졸업한 꿈쟁이들과 학부모 전문가를 연결하여 진로&전공특강 및 컨설팅 도움을 받을 수 있도록 연계하고 있습니다. 나아가서는 인턴까지 경험할 수 있게 하며, 졸업생들끼리도 서로 연결해 주고 있습니다. 특별히 최근에는 코로나로 인해 온라인으로 진행됐던 졸업식의 아쉬움을 해결해 주고자 2021&2022 오프라인 졸업식을 열어주기도 했습니다.

사실 졸업을 하면 졸업생들이 모이고 교류하는 게 쉽지 않은 것은 사실입니다. 그래도 어떤 선배가 뭘 하고 있는지, 해외 어디에 있는지 정도만 알아도 서로 도움이 되기에 졸업생들끼리의 연계도 지원하고 있습니다. DFM이 가장 잘 도와줄 수 있는 부분이 있다면 아무래도 '졸업생 컨설팅'이지 않나 싶습니다. 기존에도 우리 졸업생 학부모님들의 고민을 들어보면 자녀가 전공이 안 맞아 다른 공부를 한다는 등, 유학을 가고 싶다는 등의 고민이 있으신데 그 분야를 속 시원하게 해결해 줄 수 있는 것은 어떻게 보면 그 분야에 있는 다른 졸업생이나 졸업생 학부모님일 것입니다. 그래서 서로 연결해 주고 연말에는 한 자리에 모여 다 같이 교제하는 시간이 DFM의 강점인 것 같습니다.

때로는 졸업생 학부모님들을 대상으로도 특강이나 모임을 엽니다. 우리 부모세대가 믿음 안에서 어떻게 연결되어 있고, 어떤 가치관으로 살아가는지 나누는 것이 참 유익합니다. 그리고 자녀를 꿈의학교에 보냈다는 공통점이 있기에 DFM이 꿈의학교 교육 운동과 어떻게 맥을 같이 하고 있는지 이야기해보면 참 통하는 것이 많아 뿌듯합니다.

꿈의학교는 교육 이념과 성격적 가치관에 입각하여 크리스천 제자를 양성합니다. 선교자원의 못자리판에 씨앗을 심으며, 비전을 품는 사람들을 길러내는 것을 목표로 하고 있습니다. 꿈의학교에서 선생님의 가르침 아래 그 기초를 잘 다졌다면, 이제는 각 현장에 있는 우리 부모님들께서 바통을 이어받을 차례입니다.

평신도로 살아가는 학부모님들은 일상의 예배자이기 때문에 사회에서는 더 전문가들이십니다. 자녀들은 각자의 달란트와 필요에 따라 세상에서 그리스도인으로서의 역할과 직업을 선택하겠지만, 선택하기 전에 그 폭을 확장시킬 수 있는 네트워크가 있다면 큰 도움이 될 것입니다. 부르심에 합당한 역할을 잘 수행할 수 있도록 인생 선배들이 끊임없이 독려해 준다면 그 교육적 효과는 어마어마할 것이라 예상됩니다.

그래서 DFM의 성과라고 굳이 말씀드린다면, 이 모임을 계속 이어나가고 있다는 게 가장 큰 성과인 것 같습니다. 사실 DFM도 혼자서 하려면 절대 할 수 없는 일입니다. 많은 학부모님들의 참여와 졸업생들의 관심이 있기에 그 존재 의미가 있습니다. 일상이 바쁜데도 불구하고 시간을 내어 다음 세대를 품으며 함께하는 우리 멤버들이 있다는 것이 가장 감사합니다. 바라기는 우리 졸업생들이 부모님들의 믿음을 계승하고 배운 것을 또 후배 졸업생들에게 헌신하는 선순환이 되었으면 좋겠고, 각자 부르신 영역 가운데 좋은 만남의 열매도 있었으면 좋겠습니다.

DFM 활동의 좋은 사례도 있습니다. 실제로 우리 두 졸업생이 학부모님과 취업진로 컨설팅을 했는데 잘 연결이 되어 회사에서도 인턴을 하게 되었고, 이후에는 정직원으로 일하게 되었습니다. 더 놀라운 것은 이 졸업생 둘이 서로 눈이 맞아 결혼도 했다는 것입니다. 단, 이 과정에서 졸업생들은 학부모님의 특혜가 아닌 회사 직장동료들로부터 인정받을 만큼 객관적으로 훌륭한 친구들이었습니다. 또한 꿈의학교 출신이다 보니 공동체생활에 대한 이해가 상당히 높았고, 그 회사에 부합한 인재상을 가지고 있었기에 좋은 사례가 되었습니다.

사실 저도 공공기관에서 근무를 하며 드는 생각은 꿈의학교에서 훈련받고 공동체 생활을 한 친구들은 정말 어느 기업이든지 필요로 하는 인재상에 부합한다는 사실을 알고 있습니다. 물론 해당 업무를 수행하는 데 필요한 전문성이 전제되어야 하지만, 기본이 잘 갖춰져 있다면 그 이후로는 꿈의학교에서 배웠던 것들이 큰 도움이 됩니다. 저는 현재 제가 다니고 있는 교회에서 청년부 부장집사로 섬기고 있는데, 요즘 청년들 중에 크리스천을 찾기가 힘든 것이 현실입니다. 교회를 보더라도 청년부가 많이 사라지고 있는데 교회에 청년들이 없다는 것은 엄청난 위기입니다. 마찬가지로 직장은 더더욱 크리스천 청년을 보기가 어렵습니다. 요즘 청년들의 화두인 스타트업도 삶에서 불편한 것을 해결하는 새로운 서비스를 만드는 일인데, 이 일이 더욱 발전하려면 우리 크리스천들의 시야가 많이 필요합니다. 그래서 DFM의 역할이 얼마나 중요한지 새삼 느끼고 있습니다.

몇몇 졸업생들을 만나보면 생각보다 적극성이 없어서 아쉬운 점이 있었습니다. 그래서 우리 드리머들이 잘 참여하지 않고 정체된

분위기가 길어질 때 가끔은 이 일을 계속해야 하나 고민했던 게 큰 위기였습니다. 방법을 알려줘도 실제로 부딪히는 시도도 드물고, 삶으로 들어가야 하는데 그 뜻이 잘 전달되지 못하는 것 같아 마음이 아팠습니다. 부모님 멘토들도 사실 바쁜 와중에 시간을 내어 헌신하는 것인데 예상만큼 잘 따라와 주지 못할 땐 솔직히 힘이 빠지기도 합니다. 그럼에도 불구하고 계속 이어갈 수 있었던 것은 빠르게 변화하는 이 시대에는 크리스천의 가치관과 꿈의학교에서 배웠던 핵심 가치관을 가진 사람이 필요하기 때문입니다.

물론 졸업생들이 배웠던 이론과 삶의 현장과는 분명한 차이가 있습니다. 현장에서만 배울 수 있고 경험할 수 있는 것들이 있기에 현장의 니즈를 파악하는 것이 중요합니다. 하지만 때로는 학교에서 너무 좋은 것들을 쉽게 가르쳐주다 보니 아이들의 이상이 점점 커지는 것은 조금 아쉽습니다. 무슨 일을 할 때는 내가 알고 있는 것을 잠시 내려놓고 그 회사 구조 속에서 처음부터 하나씩 배워야 하는데, 너무 높은 수준의 이상을 가지고 입사하면 오히려 괴리감이 들고 '이 회사는 나랑 안 맞나보다.' 하며 쉽게 그만두게 되는 것이 요즘 현실인 것 같습니다. 하지만 성경에서도 예수님이 하나님이심에도 불구하고 인간의 모습을 입고 성육신을 체득하신 것처럼, 우리도 처음 사회생활을 할 때 어느 정도 내려놓는 마음이 필요하다는 것을 알려주고 싶습니다.

DFM 활동이 힘들긴 하지만 참 잘했다고 느낀 순간도 많습니다. 졸업생들이 어느 시점에 가서는 자기 주도적인 것을 넘어 스스로 책임감, 사명감, 소명감을 가지고 비전을 연결짓고 헌신적으로 전문성을 갖춰 나가는 모습을 봤을 때 상당히 뿌듯했습니다. 결국 이 세상은 이런 사람들이 영향을 미치기 마련입니다. 그리고 이런 DFM의 큰 뜻을 아셨는지 학교에서도 졸업생들에게 후배들을 위한 진로특강이나 컨설팅 요청을 해주시기도 합니다. 피드백을 들어보면, 학생은 물론이고 선생님들도 매우 좋아하셨던 것 같습니다. 더 나아가서는 이게 하나의 콜라보 사역이 되었으면 좋겠습니다. 단순 협력을 넘어 정말 필요한 사람들을 연결시켜서 최대의 성과를 낼 수 있게끔 서포트한다면 얼마나 좋을까요?

　　DFM을 운영하면서 가장 좋았던 것은 멤버들과 함께 만나면서 이야기했던 모든 순간들인 것 같습니다. 사실 이 일도 열정이 없으면 안 되는 일인데, 부모님들이 열정을 가지고 자발적으로 임해 주시니 만나면 이야기 꽃이 피고, 몇 시간씩 이야기 하는 것이 지치지 않았습니다. 결국 드리머 프로젝트는 졸업생들을 위한 일로 시작되었지만 결국에는 이 일을 통해 하나님께서 저를, 그리고 우리 부모님들을 훈련시키고 있다는 것을 깨닫게 되었습니다. 그리고 한 부모님은 실제 우리나라 청년들의 창업 컨설팅을 하시는데 이 과정을 통해 자신이 더 많이 배웠다고 고백해 주셨습니다.

　　이처럼 누군가를 위해서 한 일이었지만, 때로는 우리에게 위로가 되고 격려가 되어 그 다음 단계로 또 나아가게 하셨던 것이 은혜로 느껴져 감사할 따름입니다. 그렇게 부모님들과 몇몇 졸업생들과 이런 저런 이야기를 하다 보니, '우리의 미션은 이 일을 계속 이어나가는 것이다.'라는 결론이 내려졌습니다.

DFM을 처음 시작할 때 요셉같이 하나님의 때에, 하나님의 방법으로, 하나님의 사람이, 하나님의 역사를 감당해내는 기업인을 길러내는 게 목표였습니다. 단순히 기업가가 아닌 다음 세대와 하나님의 나라를 감당하는 미션을 품는 것이 가장 큰 목적이었습니다. 이것을 위해 우리 부모 세대는 안정적인 노후만이 아닌 우리가 경험한 것과 전문성들을 플로잉하고, 자녀들이 앞으로 나아갈 때 동역하는 것이 DFM의 부르심이라 생각합니다. 초기 졸업생들과 지금의 졸업생들도 세대차가 있겠지만 서로가 잘 연결되어 하나님의 역사를 감당하는 일들을 함께 해나갔으면 좋겠습니다. 그래서 저희는 에베소서 2장 22장 "너희도 성령 안에서 하나님이 거하실 처소가 되기 위하여 그리스도 예수 안에서 함께 지어져 가느니라."라는 말씀을 품고 기도합니다. 앞으로 꿈의학교에 수많은 졸업생이 나올 텐데, 졸업을 앞둔 고등 과정 꿈쟁이들이 DFM과도 잘 연계될 수 있도록 학교와 권역 안에서 두루두루 이 비전들을 잘 공유해 주시면 좋겠습니다.

앞으로 꿈의학교는...

시간이 지나면 바뀌는 것이 있기 마련인데, 지금 시점에서 제가 보는 꿈의학교는 '가족'인 것 같습니다. 형제자매 같은 가족만의 의미가 아니라 하나님의 뜻과 부르심에 따라 세워진 공동체라는 생각이 들고, 그 구성원으로서는 부모세대와 자녀세대가 있습니다. 결국에는 이 두 역사를 연결하는 의미의 가족인데, 꿈의학교는 하나의 가족이자 패밀리라고 생각합니다.

꿈의학교의 가장 큰 특징은 믿음의 동역자들, 즉 하나님의 사람들을 양육해낸다는 것입니다. 이를 위해서 마음을 같이하고 자신이 가진 달란트를 다음 세대에게 전수하는 역할도 중요합니다. 또 부모님과 선생님이 실제 살아가는 모습을 통해 자녀들도 신앙이 계승되며 함께 동역한다는 의미가 있습니다.

꿈의학교가 앞으로 더 발전하기 위해서는 첫째, 철저하게 예배하는 공동체가 되어야 합니다. 예배는 곧 하나님을 대하는 태도입니다. 어떠한 경우에도 우리는 예배로 훈련되어 있어야 하고, 매너리즘에 빠지지 않도록 항상 겸손한 가운데 양육되어야 합니다. 그래서 우리는 절대 예배를 포기하면 안 됩니다.

둘째, 기도해야 합니다. 기도를 통해 하나님의 뜻과 하나님의 역사하심, 성령님의 이끄심을 인정할 수 있는 믿음이 분명해야 된다고 생각합니다.

셋째, 끊임없이 학습하는 교사, 꿈쟁이, 학부모가 되어야 합니다. 세상의 변화를 쫓아가기 위한 것이 아니라 이 변화 가운데 하나님의 역사를 살펴봐야 합니다. 하나님의 사람이 요셉처럼 쓰임 받을 수밖에 없는 이 시대에 우리가 쓰임 받지 못하는 것은 어쩌면 우리에게도 문제가 있습니다. 예배와 기도만 하고 삶의 현장에 들어가지 않는다면, 우리는 바리새인과 같은 사람일 수도 있습니다. 꿈의학교가 삶의 현장에 대한 교육도 잘 연결할 수 있도록 각 영역의 사람이나 기관들과도 콜라보가 잘 일어나면 좋겠습니다.

이웃사랑을 실천하는 공간 '생활관'

[소개] 생활관 이끔이 다윗 **심규일**

사범대를 졸업하고 군대 전역 후 기독교 교육 현장에서 일하고 싶은 꿈을 품고 있었다. 우연히 꿈의학교 영어교사 모집공고를 보게 되었고 꿈의학교의 교육철학과 교육목표를 통해 어쩌면 자신이 꿈꿨던 꿈에 한 발짝 더 다가갈 것 같은 느낌이 들어 지원했고 2009년부터 영어교사로 일하기 시작했다. 10년 간 영어교사로 일하다 2018년부터는 생활담임을 겸임했으며, 2021년부터는 생활관장으로 섬기고 있다.

생활관 이야기

꿈의학교는 전교생이 기숙사생활을 하는 학교입니다. 학생들이 숙소로 사용하는 공간을 '생활관'이라고 부르는데 20년간 학교가 운영되면서 몇 번의 변천사가 있었습니다. 2002~2013년까지 꿈의학교를 1.0 시대라고 부릅니다. 1.0 시대의 생활관의 가장 큰 목적은 '학생들의 안전'이었습니다. 그래서 남녀 생활관에는 각각 두 명의 선생님이 근무하셨고 안전과 더불어 기본적인 생활규율을 잘 지킬 수 있도록 운영했습니다.

2014~2019년까지 꿈의학교는 2.0 시대로 변화되었습니다. 2.0 시대에는 새로운 시스템이 도입됩니다. 생활관에서 목장별로 말씀을 묵상하고 삶을 나누며 기도하는 묵상 나눔 시간과 공동체 안에서의 기초 생활 예절 교육에 중점을 두는 생활담임 제도와 생활관 목장 제도가 만들어졌습니다.

2020년부터 현재까지 꿈의학교는 3.0 시대를 통해 2.0 때의 좋은 점들을 유지하며 각 학년별 특성에 따라 DJ학년은 돌봄을 중심으로, 고등학년은 자기 주도성과 리더십 훈련에 초점을 맞춰 지도하고 있습니다. 현재는 각 생활관에 남녀 생활담임 선생님이 5명씩 계시지만, 초창기 1.0 시대에는 150명씩이나 되는 아이들을 2명의 선생님이 담당하셨습니다. 지금 생각하면 정말 어려운 시절이었을 것이라고 생각됩니다. 그 당시에는 생활관에서 사고가 안 나도록 지도하는 것 자체만으로도 정말 힘든 일이었습니다. 전해 내려오는 이야기에 따르면, 당시 남생활관을 담당하셨던 단순한님이 겨울에 100대 1로 눈싸움을 하시다가 눈덩이에 파묻혔다는 전설적인 이야기도 있습니다.

꿈의학교 생활관은 '이웃사랑을 실천하는 성품 훈련의 공간'을 추구하고 있습니다. 생활관하면 떠오르는 키워드는 '연합', '섬김', '나눔', '배려', '소통'입니다. 좋은 선후배와 선생님들과 함께 생활하면서 공동체를 이루어나가는 공간이자 생활 속에서 청결 훈련과 자기주도 학습 훈련을 통해 귀한 가치를 온몸으로 직접 배우는 공간입니다. 또한 학생들이 생활관에 경험하는 모든 상황들을 교육의 기회로 삼고자 노력하고 있습니다.

생활관은 어떻게 보면 '집'이라고 할 수 있습니다. 집에서 이루어지는 가정교육은 성장기에 매우 중요합니다. 기숙학교라고 하면 이런 부분들을 놓치기 쉽다고 생각하는데, 오히려 반대로 이것을 잘 살릴 수 있는 것이 '목장제도'입니다. 집과 같은 생활관에서도 교육이 끊임없이 이루어지고 있는 것이죠.

목장제도와 더불어 생활관 안에서는 자치회 제도가 있습니다. 자치회 제도는 2015년부터 만들어졌습니다. 목장 안에서 리더십 있는 고2 학생이 투표로 선발되어 목동이 되면 각 목장 생활담임 선생님을 도와 목장이 안정적으로 운영될 수 있도록 목장을 함께 이끌어 나가는 시스템입니다. 또한 목동들은 생활관 자치회를 형성합니다.

자치회 주관으로는 목장체전, 체육대회, 생활상담, 스낵바 등 다양한 이벤트를 열고 있으며, 선후배들이 잘 어우러질 수 있도록 뜻 깊은 시간을 직접 계획합니다. 자치회는 단순히 선생님들을 돕는 역할뿐만 아니라 동등한 입장에서 주요 논의사항에 대해 소신껏 발언할 수 있는 기회도 갖고 있습니다. 그래서 어떤 안건에 대한 찬반투표를 진행할 때도 선생님과 동일하게 1표씩 투표권을 갖습니다. 이를 통해 의사결정 과정에서 책임감을 갖고 일을 해나가는 리더십을 기르며, 다양한 의견들 속에서 함께 공동체를 위한 가장 적절한 방법을 찾아나가는 훈련도 하고 있습니다.

생활관에서 이루어지는 활동들은 정말 많습니다. 목장별 말씀묵상 나눔, 말씀 암송, 청소 및 정리정돈, 목장 모임, 학년별 간담회, 소방훈련, 자치회 워크숍, 목장체전, 체육대회 등이 있습니다. 생활담임들은 매주 회의를 통해 아이디어를 모으고 학생들의 건의도 받으며 새로운 프로그램을 도입하기도 합니다. 일반적으로 기숙학교라고 하면 사감 선생님들이 학생들을 관리하는 시스템으로 생각하는 경우가 많은데 저희는 독자적으로 발전된 시스템을 갖추고 있다는 것이 꿈의학교 생활관의 자랑할 만한 점이라고 생각합니다.

꿈의학교 생활관은 2014년부터 시작된 생활담임 제도를 통해 한 선생님이 다수를 관리하는 시스템에서 개별 또는 소그룹 단위로 관리하는 시스템으로의 의미 있는 진보와 발전을 이루었습니다. 그로 인해 생활담임뿐만 아니라 선후배들이 서로 가까이 지내고 다양한 영향력을 주고받으며 한 공동체로서 삶을 누리고 함께 성장하는 시간을 보내고 있습니다. 20년간의 역사와 노하우를 바탕으로 현재의 생활관 시스템도 계속해서 연구와 발전을 거듭해가고 있습니다. 저는 이것이 꿈의학교 생활관이 지니는 가장 큰 장점이라고 생각합니다.

새로운 제도를 도입할 때 부정적인 의견도 적잖이 있었습니다. 초창기에 2명으로 운영되었던 생활관 교사를 두 배 이상으로 늘리는 것에 대한 재정적 부담을 우려하기도 했고, 기숙사 학교가 지니는 한계는 결국 어쩔 수 없다는 의견도 있었습니다. 하지만 제도를 바꾸고 나서 두 배 이상의 교육적 효과를 거두고 있다고 생각합니다. 또한 단점이라고 생각했던 생활관 제도가 지금은 오히려 장점으로 부각되면서 새로운 경쟁력을 지니게 되었다고 생각합니다. 많은 기독교 학교 중에서 저희 학교처럼 생활담임 시스템과 같은 독특한 형태로 운영되는 학교는 제가 알기로는 거의 없습니다.

저는 생활관 근무를 하면서 즐거웠던 기억들이 많이 스쳐 지나갑니다. 영어교사로 근무하면서 2018년부터는 생활담임을 겸임하게 됐는데, 제 자신에게 '내가 왜 생활담임을 지원했을까?'라고 생각해봤을 때, 제일 가장 먼저 떠올랐던 장면은 생활담임 선생님들의 워크숍이었습니다. 생활담임 선생님들은 매년 워크숍을 떠나셨는데, 너무 즐거우셨는지 다녀오신 후에는 마치 간증처럼 이야기하시는 모습이 제 뇌리 속을 떠나지 않았습니다. 지금도 매년 생활담임 선생님들과 함께 워크숍을 다녀오는데, 치열하게 회의도하고 화합을 다질 수 있는 활동들도 하면서 교사들이 먼저 하나 되는 시간을 갖습니다. 교사들이 먼저 연합의 기쁨을 누리고 팀워크를 다지면서 학생들에게도 하나 되는 기쁨이 얼마나 행복하고 소중한 것인지를 경험을 바탕으로 보여주고 가르쳐 줍니다.

생활관에서는 학생들과 함께 살기 때문에 학생 이야기를 빼놓을 수 없을 것 같습니다. 선생님들께 가장 감동적인 순간이 언제냐고 물어본다면 대부분 학생의 변화된 모습을 직접 눈으로 확인했던 순간일 것입니다. 저도 마찬가지로 변화된 한 학생에 대해 이야기하고 싶습니다.

처음 입학할 때는 자존감도 낮고 늘 기력이 없던 학생이었습니다. 그런데 생활관 내 다양한 관계들 속에서 회복이 많이 되었고, 꿈의학교 교육과정을 통해서도 점점 변화되는 모습이 눈에 띄게 느껴졌습니다. 제일 인상적이었던 장면은 그 친구가 선배가 되고 나서 소외되고 기력이 없는 후배들을 상담해주는 것이었습니다. "너무 걱정하지 마. 형도 다 그랬어. 시간이 지나면 다 괜찮아질 거야."라고 말하며 후배들의 마음을 어루만져주었습니다. 자신이 먼저 겪어봤기에 후배들에게 진심어린 격려를 해주는 모습이 아주 바람직한 롤모델의 모습이지 않을까 싶습니다. 또 일손이 필요할 땐 제일 먼저 달려와 "선생님, 제가 도와드릴까요?"라며 솔선수범하는 모습을 보여줍니다. 이렇게 잘 자란 모습을 보면 선생님들은 참 뿌듯합니다.

꿈의학교 교육과정 속에는 다양한 영역이 있습니다. 크게는 학사와 생활관으로 나눌 수 있는데 학생들은 교육과정의 총체적인 영향력 속에서 천천히 변화됩니다. 생활관 안에서는 좋은 선후배들을 만나는 것, 어려움에 대해 생활담임 선생님이나 선배들과 함께 상담하며 어려움을 헤쳐 나가는 것과 같이 좋은 사람들과의 만남이 심리적인 어려움을 풀어가고 긍정적인 에너지를 불러일으키는 중요한 영역이라고 봅니다.

사람이 하루아침에 변화되는 것은 어려운 일입니다. 가랑비에 옷 젖듯이 천천히 변화하게 되는데, 어떤 학생은 겉으로 봤을 땐 안 좋아 보이지만 내면의 좋은 것들이 많이 잠재되어 있는 경우도 있습니다. 긍정적으로 펼쳐낼 기회가 별로 없었던 것뿐이지, 학생이 가진 장점을 인정해 주고 발현할 수 있는 환경이 있다면 그 시간들이 쌓여 서서히 훌륭한 모습으로 변화된다는 것을 저는 매일 현장을 통해 느끼고 있습니다.

생활관에서 생활하다 보면 어려운 점도 많습니다. 먼저, 체력적인 부분을 꼽을 수 있습니다. 생활담임은 어쩔 수 없이 저녁 근무를 하며 일주일에 한두 번씩은 숙직을 합니다. 숙직이 아니더라도 아이들과 상담을 하게 되면 새벽으로 넘어가는 경우도 종종 있습니다. 그래서 체력적인 부분은 1차적으로 부딪히는 어려움입니다.

또 다른 어려움은 아무래도 낮 동안 이루어지는 학사 교육에 대해서는 누구나 중요하게 생각하지만, 저녁에 이루어지는 생활관 교육은 상대적으로 덜 중요하게 여기는 인식들이 있습니다. 약간의 소외감이 들 때도 있지만 이 부분은 본질적인 것은 아니라고 생각합니다. 그런 부분들에 너무 신경을 쓰기보다는 맡겨진 본연의 역할을 충실히 잘 감당하는 것이 중요하다고 생각합니다.

생활담임으로서 보람을 느끼는 부분도 많습니다. 생활관에서 학생들과 불확실한 미래나 신앙적인 고민 등의 문제에 대해 진솔하게 이야기하면서 서로 마음이 연결되는 것을 느낍니다. 사실 속 깊은 고민을 선생님에게 말하는 것 자체가 엄청난 용기가 필요한 일입니다. 어떻게 보면 낮 동안 학교에서는 가면을 쓰고 자신의 본모습을 감출 수도 있지만 생활관은 자신의 있는 그대로의 모습이 드러나는 공간이기에 진솔하고 깊은 이야기들이 나오는 것 같습니다. 이야기를 주고받다 보면 저의 인생이야기도 들려주게 되면서 학생들과 깊이 교감한다는 생각이 듭니다. 이렇게 깊이 있게 고민하며 대화 나누는 시간이 때로는 힘든 시간이기도 하지만 함께 치열하게 씨름했던 시간이기에 기억에 많이 남습니다.

앞으로의 생활관에 대해 말한다면 일단 '공동체'라는 키워드를 빼놓을 수 없을 것 같습니다. 공동체 문화에 대해 깊이 연구하고 모델들을 찾아보며 궁극적으로 꿈의학교 생활관에서의 공동체 문화는 어때야 하는지에 대해 이론적인 부분과 실제적인 부분들을 함께 탐구해야 한다고 생각합니다. 또한 꿈의학교에서의 학교폭력이 드물기는 하지만 종종 크고 작은 학교폭력 상황이 발생하기도 합니다. 앞으로 꿈의학교에서는 학교폭력을 뿌리 뽑을 수 있는 단계까지 나아가겠다는 적극적인 의지와 그 방안에 대한 연구도 정말 중요한 영역이라고 생각합니다.

또한 학생들 중에 생활관에 잘 적응하는 친구들도 있지만 다양한 삶의 어려움을 겪는 학생들도 적지 않습니다. 그동안 축적된 역사와 경험들을 바탕으로 어려움을 겪는 학생들의 유형들을 잘 연구하고 분류하여 해당 유형에 맞게 잘 지도하고 도와 줄 수 있는 방안도 연구하고자 합니다. 그 외에도 생활관 시설 및 청결 상태를 향상시킬 수 있는 방안, 면학 분위기 향상 방안 등에 대해서도 고민하도록 노력하겠습니다.

앞으로 꿈의학교는...

저는 꿈의학교를 '광야학교'라고 표현하고 싶습니다. 광야라는 것이 어찌보면 척박하고, 힘든, 부정적인 곳이라고 생각할 수도 있습니다. 하지만 광야는 우리 인생에서 꼭 필요한 곳이라는 생각이 듭니다. 왜냐하면 광야는 하나님을 의지할 수밖에 없고 그분의 도우

심이 없으면 살아갈 수 없는 곳이며, 하나님을 더욱 찾으며 그분과 동행해야하는 곳이기 때문입니다. 저에게 하나님이 허락하신 광야와도 같은 꿈의학교에서 10년이 넘는 세월을 보내면서 오르락내리락 하는 순간들도 많이 겪었습니다. 하지만 그러기에 저에게 꿈의학교는 그 세월동안 함께해 주신 하나님과의 깊은 추억들이 배어 있는 곳입니다.

그리고 저는 꿈의학교를 '기독교 공동체 학교'라고 부르고 싶습니다. 앞으로 20년을 준비하기 위해서는 꿈의학교가 명실상부한 기독교 공동체로 거듭날 수 있는 방안들을 깊이 연구하고 준비하여 교사, 학생 그리고 학부모, 이렇게 세 교육의 주체들이 서로 연합하여 더욱 실제적인 공동체를 이루어가는 방향으로 나아가야 한다고 생각합니다.

거룩한 다음세대를 위한
'거룩한 신부 서약식'

[소개] 생활공동체센터 이끔이 하늘소망 **황선영**

현재 꿈의학교에서 사회과 교사이자 생활공동체센터장을 맡고 있다. 20살 때부터 주일학교 교사를 하면서 사회교육을 공부했고, 그이후 상담 공부를 하던 중 아이들과 함께하며 행복하고 즐겁게 살아가고 싶다는 마음을 갖게 되었다. 2003년 우연한 기회로 꿈의학교 사회과 교사 채용 공고에 지원해 2004년부터 근무하기 시작했다.

거룩한 신부 서약식

거룩한 신부 서약식을 준비할 때마다 로마서 12장 1절 말씀을 붙잡고 있습니다.

그러므로 형제들아 내가 하나님의 모든 자비하심으로 너희를 권하노니 너희 몸을 하나님이 기뻐하시는 거룩한 산 제물로 드리라 이는 너희가 드릴 영적 예배니라

약 10년 전, 청소년 시기의 학생들이 부모님과 함께 거룩하고 순결하게 살기로 결단하는 시간이 필요하다고 생각하셨던 깊은님과 카타리나님께서 학년 행사의 형태로 이 행사를 처음 시작했습니다. 어떻게 보면 비공식적으로 시작했던 행사가 지금은 꿈의학교 고등과정 학생이라면 꼭 거쳐야 하는 필수 과정이 된 것입니다.

행사를 매번 진행하며 느끼는 것은 자녀의 회복은 곧 부모의 회복이라는 것을 깨닫게 되었습니다. 거룩한 신부 서약식은 부모와 학생 모두가 하나님 앞에서 거룩하게 살겠다고 약속하는 예배형식을 갖춘 순결 서약식 형식으로 시작되었습니다. 그런데 행사 기획의도

와는 달리, '순결 서약식'이라고 하니 육체적인 순결만을 강조하는 것처럼 보인 적도 있었습니다. 그래서 일부 학생들에게는 어려움을 주는 것 같은 느낌도 들었습니다. 이를 해결하기 위해서 '순결 서약식'에서 '거룩한 신부 서약식'으로 명칭을 바꾸게 되었습니다.

해를 거듭해나가며 각 학년의 특성에 걸맞게 프로그램을 구성하고 진행했습니다. 하나님 앞에서 육체, 정서, 영적인 순결을 모두 약속하며 거룩한 다음 세대와 다음 가정을 꿈꾸는 것을 기본으로 프로그램을 진행해 오면서 지금의 거룩한 신부 서약식까지 오게 되었습니다.

거룩한 신부 서약식을 위해서 부모님들은 몇 주 전부터 기도로 준비하십니다. 행사 자체는 약 2박 3일에 걸쳐 진행되는데, 첫째 날과 둘째 날에는 특강과 소그룹 토의가 이루어지고 마지막 날에는 부모와 자녀가 함께 서약하며 축복하는 기도 시간으로 마무리됩니다.

'성'이라는 주제는 매우 민감하고 조심스럽지만 성경적 관점에서 반드시 올바르게 알아야 하는 부분입니다. 참 감사한 것은 특강을 해주시는 강사님들이 이 분야에 관심을 갖고 공부해 오신 꿈의학교 선생님이라는 것입니다. 선생님들은 아이들의 특성과 상황을 잘 알고 계시고, 또 현재 자녀를 직접 키우는 부모이기에 더욱 학부모님의 마음과 시선으로 아이들을 교육하십니다. 그렇기에 교육을 뛰어 넘어서 아이들을 사랑하는 마음으로 호소하시기도 합니다.

강의를 담당하시는 선생님들께서는 강의를 위해 다양한 자료를 찾아보시는데 특히, 시중에 나와 있는 국내외 성교육 자료들을 살펴보면 참담함을 감출 수 없습니다. 찾으면 찾을수록 세상과는 다른 하나님 나라의 가치관으로 아이들을 가르쳐야 한다는 것. 그래서 더욱 사명감을 갖고 이 사역에 동참하고 있습니다.

거룩한 신부 서약식에서는 부모와 자녀가 함께 이야기하며 때론 함께 울기도 하면서 기도해 주는 시간이 있습니다. 그런데 그 당시 부모와 자녀의 사이가 좋지 않으면 행사가 끝나기 전까지 말도 안 섞는 경우도 있었습니다. 심지어는 서로 반대쪽에 앉아 쳐다보지도 않습니다. 이때 담임 선생님들이 분위기를 바꾸기 위해서 노력하였던 것이 기억에 남습니다.

힘든 순간도 있었습니다. 처음에 말씀드렸다시피 비공식적인 자발적 모임으로 시작했기에 선생님들은 많은 업무와 더불어 학생들의 가정까지 돌봐야 하는 부분이 힘들었습니다. 또한 행사를 진행하고 강의하시는 분들이 모두 학교 선생님이기에 본인들이 맡은 학년과 업무 외에도 밤이나 주말 시간을 이용해 물리적으로 일을 해내느라 진땀을 뺀 적이 한두 번이 아닙니다. 하지만 보람이 컸기에 선생님들이 지금까지 함께할 수 있었습니다.

학부모님들이 자발적으로 꿈쟁이들을 내 자녀라고 생각하며 기도하시는 것이 너무 인상 깊었습니다. 거룩한 신부 서약식을 통해 성령의 기름 부으심이 있고, 모든 분들에게 동일한 은혜가 흘러가는 것을 느낄 수 있습니다. 거룩한 신부 서약식이 끝나게 되면 부모와 자녀의 관계가 회복되고, 그 다음은 자연스럽게 관계가 어려웠던 친구도 용서하게 됩니다. 왜냐하면 가장 힘들었던 부모님과의 관계 문제가 해결 되니 그 주변 관계가 자연스레 풀리게 되는 원리인 셈입니다. 어찌 보면 두 마리 토끼를 다 잡게 되는 경우도 허다합니다.

어른이 되면 우리 졸업생들은 수많은 어려움을 만나게 됩니다. 유학 중에, 이성 연애를 통해, 심지어 군대에서도 언제 어디서든 유혹을 받기 마련입니다. 졸업생들은 그때마다 선생님의 호통 치는 목소리가 귀에 들린다고 합니다. 한 여학생은 남자친구로부터 유혹을 받았을 때 왜인지는 모르겠지만 선생님의 말씀이 떠올라 유혹을 멈출 수 있었고 결국에는 헤어졌지만 그 선택이 옳은 것 같다며 후일담을 들려준 경우도 있습니다.

거룩한 신부 서약식을 하면 가장 많이 듣는 질문 중 하나는 "왜 꿈의학교에서는 연애가 안 되나요?"입니다. 저희는 세상과는 다르게 거룩한 신부로 준비하며 하나님이 주신 축복을 누리는 통로인 가정을 세우는 데 목적을 두고 있습니다. 그래서 재학생일 때는 학교에서의 연애를 금지하고 있습니다. 대신 졸업을 앞둔 제자들에게는 건강한 연애란 무엇인지, 어떻게 만날 것인지에 대해 알려주고 있습니다. 사실 꿈의학교에서도 비밀리에 연애를 하는 친구들이 종종 있습니다. 서로에게 좋은 영향력을 준다면 좋지만 그 관계가 깨지게 되었을 때의 어려움도 일깨워 줍니다. 무조건 안 된다고 말하기보다 교육과정으로 보여주며 우리 학생들은 또 한 번 성장하게 됩니다.

　교육과정 측면에서도 단순히 성교육만이 아닌 그리스도가 내 삶의 주인 되고 하나님 나라 백성으로서의 정체성을 확립하는 교육이라고 볼 수 있습니다. 거룩한 다음 세대를 양성하고 그 세대를 우리가 품어 하나님 나라를 확장하는 사명감. 우리는 그 거룩한 부담감을 갖고 있습니다.

　한 졸업생은 "요즘 사람들은 결혼도 안하려 하고 결혼을 해도 자녀를 안 가지려고 해요. 그런데 꿈의학교 친구들은 결혼을 굉장히 사모하고 아이도 2~3명은 가지려고 해요."라고 말합니다. 여러 가지 이유가 있겠지만 꿈의학교 학생들이 이 공동체 안에서 선생님들의 가정과 자녀들이 자라는 모습을 보면서 자연스럽게 가정을 이루고 결혼을 하는 것. 그것이 무슨 의미인지 아이들은 선생님을 통해서 배우게 되기 때문이라고 생각합니다.

　삶으로 보여주는 잠재적 교육과정을 통해 우리 학생들은 올바른 가정의 모습에 대해 소망을 가집니다. 물론, 이 과정에서 부모님들도 함께하고 있습니다. 한 학부모님은 "선생님들이 자녀들이랑 행복하게 사시는 모습만 봐도 이 학교에 보내기를 잘한 것 같아요."라고 말씀해 주십니다.

요즘 사회는 미디어의 영향과 함께 비혼주의, 동성애, 이혼, 불륜, 혼전임신 이런 이야기들이 너무 쉽게 오르내립니다. 현실은 더욱 가관입니다. 심지어 고등학교 졸업하고 대학만 가더라도 우리는 여기서 배웠던 가치들을 그대로 지키기에 너무나 힘든 삶을 살아가고 넘어지기 쉽습니다. 하지만 학교에서 배웠던 교육을 조금이라도 기억하고 흔들리지 않을 수 있다면 그것이 바로 교육의 진정한 결과물이라고 할 수 있습니다.

앞으로도 거룩한 신부 서약식을 계속 진행할 예정입니다. 요즘은 너무 어렸을 때부터 미디어에 노출되어 입학하기도 전에 잘못된 연애 지식을 접하는 경우가 많습니다. 시대가 바뀐 만큼 시대의 모습을 담으며 아이들이 유혹과 어려움에 넘어지지 않도록 더 연구할 것입니다. 이 길을 우리 선생님들과 함께할 것이고, 그 가치를 지키기 위해 최선을 다할 것입니다.

앞으로 꿈의학교는...

꿈의학교는 거룩한 다음 세대를 기르는 못자리판입니다. 이를 위해 우리는 더 당당하고 진취적일 필요가 있다고 생각합니다. 아이들에게 문제가 발생했을 때 그때서야 움직이는 학교가 아닌, 두려움의 파도가 올 때 서핑을 하듯 넘어갈 수 있는 당당하고 진취적이며 도전적인 학교가 되기를 소망합니다. 더불어 저희가 가지고 있는 기본에 충실하고 말씀에 순종하며 변하지 않는 가치를 잘 지켜내면 좋겠습니다.

저에게 꿈의학교는 'Everything' 즉, '모든 것'입니다. 10대 때부터 꿈을 꿨고, 20대에는 하나님을 사랑하는 마음으로 준비했고, 제가 가진 모든 것을 쏟아 부었던 때가 30대부터였습니다. 돌아가기에는 너무 먼, 꿈의학교 역사 가운데 함께 한 것. 그렇게 꿈의학교는 저의 인생 모든 것이었습니다.

하나님께서는 '올인(All in)'이라는 단어를 저에게 주셨습니다. 올인은 사전적 정의로 '쏟아 부음'입니다. 하나님이 기뻐하시는 꿈의학교가 되려면 저희는 이것저것 양다리가 아닌 올인의 마음으로 거룩한 부르심과 처음 오셨던 그 사명을 우리 동료 선생님들과 함께 품고 싶습니다. 꿈의학교를 위해 젊은 청춘 다 바치시는 우리 선생님들을 사랑하고 존경합니다. 우리 계속 이 길을 함께 걸어 갔으면 좋겠습니다.

TEACHING

축복된 만남의 교육 '독서교육과정'

[소개] 독서 교과장 넘치는 **김철환**

2004년부터 19년간 꿈의학교에 재직 중이다. 2022년 현재 독서 교과장이자 DJ2학년 학년장으로 근무하고 있는 자칭 영탑리 넘반장이기도 하다. 공동체 내에서 충성스럽고, 성실하게, 그리고 재미있게 일하는 것이 인생의 모토이다. 나를 필요로 하고 나에게도 필요한 곳으로 보내달라는 기도를 통해 꿈의학교로 오게 되었고 30~40대를 이곳에서 지내고 있다.

독서교육과정

꿈의학교의 독서교육은 만남을 강조합니다. 책과의 만남, 좋은 사람들과의 만남을 통해 사람의 마음을 읽어내고 나아가 하나님의 마음마저 읽을 수 있도록 교육하고 있습니다. 좋은 입력(input)이 있어야 좋은 수확(output)이 만들어지는데, 좋은 입력(input)을 얻는 방법은 읽기와 듣기를 통해 결정됩니다. 잘 읽고 잘 듣는 훈련이 되어 있다면 그것이 곧 좋은 경험과 만남이 됩니다.

20년이라는 시간이 흐른 만큼 독서교육도 많이 변화되었습니다. 초창기에는 책 자체가 교과서였기 때문에 독서 중심으로 모든 수업이 이루어졌다면 교과 체계가 형성된 후에는 교과나 학년 위주로 수업의 형태가 조금씩 바뀌었습니다. 그러다 보니 책이 자연스레 소외되고 정해진 우선순위가 수업이나 활동보다 밀리는 현상이 일어났습니다. 이러면 안 되겠다 싶어 정신을 차렸습니다. 그래서 책을 읽을 수 있는 환경과 분위기를 만들기 위한 절대적 시간 확보의 움직임이 일어났습니다.

현재는 중등교육과정 자체가 통합독서교육과정이라 독서 중심으로 교과들이 통합되어 운영되고 있습니다. 고등과정으로 올라가면 자신이 원하는 전공 분야와 진로에 맞게 학습하고 심화 수업을 통해 책을 더 깊이 있게 연구하며 책도 쓰는 교육과정으로 발전되었습니다.

꿈의학교 독서교육의 가장 큰 장점은 '책을 쉽게 접근할 수 있는 환경'이라는 것입니다. 사실 집에 있으면 스마트폰이 손에 쥐어져있기 때문에 책 읽기가 참 쉽지 않습니다. 하지만 꿈의학교에서는 전원적인 자연풍경이 주는 분위기 자체로도 책을 읽고 싶게끔 해줍니다. 억지로 맛있는 음식을 먹이면 사람은 거부반응을 일으킵니다. 책 읽는 것도 마찬가지입니다. 자연스럽게 음식을 먹는 방법과 그 음식의 가치를 알려주면 스스로 찾아 먹듯이 책도 그런 형태로 접근하고자 합니다.

또 하나의 장점은 선생님이 책만 이야기하지 않는다는 것입니다. 책을 중심으로 철학이나 사상에 관해 이야기를 나누기도 하며 다양한 이야깃거리를 배움의 소재로 삼습니다. 이곳은 그런 이야기를 할 수 있는 선생님들이 곳곳에 많이 계십니다. 어떤 평가를 목적으로 접근하지 않는 것, 책 읽는 즐거움 자체를 경험하는 것을 목적으로 하는 것이 가장 큰 장점이라고 볼 수 있습니다. 실제로 외부에서도 이렇게 책을 보고 읽었던 친구들이 글도 잘 씁니다. 책을 통한 저력은 10년 뒤, 20년 뒤에 나타나고 즐겁게 책을 읽었던 습관은 한 사람의 인생에 반드시 선한 영향을 끼치게 됩니다. 그게 바로 독서교육의 목표이자 저의 바람이기도 합니다.

교사로 지내며 독서를 가르치다 보니 가끔은, 아니 자주 아이들이 책을 추천해달라고 찾아옵니다. 그런데 어느 날은 추천해줄 만한 책이 없어 큰 고민에 빠진 적이 있었습니다. 국문학을 전공했지만, 그 당시 문학을 그렇게 재미있게 보지 않아서 추천을 못 해줬는데, 반대로 아이들에게 책을 추천해주기 위해 열심히 책을 읽고 분석하는 저의 모습을 보며 깜짝 놀랐습니다.

또 놀랐던 한 가지는 '기록하는 습관'의 효과입니다. 어느 해는 수업하다가 어떤 학년의 글쓰기 수준이 너무 높아 그 비결이 뭔지 파헤쳐보았습니다. 그런데 그 학년만 특별한 수업을 했던 것도 아니고 책 읽는 습관도 여느 아이들과 큰 차이가 없었습니다. 그 이유를 살펴보니, 책을 읽으면 생각났던 것들을 중간중간 기록하고 메모하는 습관이 아주 잘 들어 있었던 것입니다. 생각의 흔적을 무조

건 적어놓는 습관이 얼마나 중요한지 아이들을 통해서 또 한 번 배웠습니다.

요즘 아이들은 학교에서 크롬북이 더 익숙하다 보니 크롬북에 모든 것을 기록합니다. 그 모습을 본 선생님들은 아이들이 크롬북을 잘 사용할 수 있도록 활용법을 강의해 주시기도 합니다. 편하게 책을 읽고, 읽은 것을 글로 써놓으니 생각의 소재가 많아지게 된 것입니다. 이 사례를 통해 '학습 도구를 잘 선용할 수 있는 방법을 알려준다면 아이들은 생각을 더 키울 수 있겠구나.'라는 점을 깨닫게 되었습니다.

아주 좋은 사례를 말씀드리자면, 저는 대학교 때 블로그를 통해 칼럼을 쓰는 활동을 했습니다. 대학 시절 1년간 영국 봉사활동을 갔을 때 거기서 지냈던 기억을 잊고 싶지 않아 어떻게 보면 공개적으로 일기를 썼습니다. 학생들에게 기록의 중요성을 이야기할 때 이 자료를 보여주었고, "이렇게 기록해 놓으면 20년이 훨씬 지난 지금도 그때의 일을 기억할 수 있단다."라고 몸소 보여주었습니다. 그때 아이들의 반응은 "선생님, 너무 멋있어요!"라고 부러워했습니다. 결국 아이들 스스로 책을 읽고 정리하는 습관을 기르는 것이 독서교육의 핵심이라는 것을 말하고 싶습니다.

특별히 많은 선생님과 학생들이 인상 깊었다고 이야기하는 독서 수업 중 하나는 '주제 독서'입니다. 고1 주제 독서 수업 중에 선생님을 찾아가 인생 책을 추천받고 인터뷰하며 이야기하는 과제가 있습니다. 이 수업이 만들어진 데는 나름의 사연이 있습니다.

제가 교무부장을 맡고 있던 시절, 한 졸업생이 찾아왔습니다. 보통 졸업생이 학교에 찾아오면 자기가 만나고 싶어 하는 선생님들 리스트를 적어 만나는 경우가 다반사입니다. 그런데 어떤 친구는 친한 선생님이 없어서 교무실에만 있다 갔습니다. 왜 몇 년 동안 학교에 다녔는데 편하게 자기 삶을 나누고 선뜻 찾아갈 수 있는 선생님이 없었는지 지금 생각해도 참 마음이 아픕니다. 그래서 이런 아이들이 과제를 통해서라도 자신이 평소 친해지고 싶었던 선생님과 인생 책을 나누며 좋은 만남을 한 번이라도 경험하게 해주고 싶어 기획하게 되었습니다.

수업 피드백은 의외로 너무 좋았고, 매년 진행되고 있습니다. 특히 이 수업을 통해 내성적이거나 평소에 말을 잘 못 걸던 친구들은 공식적인 수업과제를 핑계로 선생님께 말을 걸 수 있는 계기가 되었습니다.

꿈의학교 하면 빼놓을 수 없는 것이 바로 '초청토론'입니다. 초청토론은 다양한 만남을 실현해 주는 역사와 전통이 깊은 행사입니다. 2022년, 본죽 최복이 대표님을 모시면서 50회를 맞이했고 그 외에도 역대 초청토론에는 김대중 대통령, 이영표 전 국가대표, 천종호 판사님 등 유명 인사들이 많이 오셨습니다. 많은 분의 훌륭한 강의를 통해 우리는 영감을 얻습니다.

그중 가장 기억에 남는 분은 저와 이름이 똑같은 '이철환 작가님'이십니다. 초청토론이 있기 전, 작가님 집을 직접 방문해 사전인 터뷰를 진행했습니다. 삶과 사람을 귀하게 대하시는 작가님의 모습에 행사 이전부터 팬이 되었습니다. 학생들과의 만남의 날 직접 그린 다양한 그림과 함께 삶을 대하는 태도에 깊이 있는 나눔을 해주셨고, 기타 연주까지 선물해 주셨습니다. 저는 이 초청토론이라는 시간이 학생들을 위한 수업이지만 선생님들에게도 큰 울림을 주는 아주 영향력 있는 시간이라고 생각합니다. 이처럼 사람을 통한 만남은 누군가의 인생을 변화시킬 수 있다는 힘이 있다는 것을 저는 매 순간 경험하고 있습니다.

꿈의학교는 매년 초등학생 4, 5, 6학년들을 대상으로 방학마다 진행하는 '독서캠프'가 있습니다. 전국의 초등학생들이 신청해서 참여하게 되는데, 학교가 영탑리라는 시골에 있다 보니 지리적으로 접근하기 참 쉽지 않습니다. 우리 안의 귀한 것들을 어떻게 밖으로 흘려보낼 수 있을지 고민하다가 시작된 것이 바로 독서캠프였고, 꿈의학교 독서교육의 좋은 정신과 내용을 초등학생들에게 흘려보내기 위해 시작한 것이 올해로 벌써 45회째를 맞이했습니다.

독서캠프의 구호(슬로건)는 20년이 지나도 바뀌지 않고 있습니다. 바로 '축복된 만남, 거룩한 변화'입니다. 독서캠프를 잘 아시는 분들은 "책을 가장한 영성캠프 아니냐?"라고 말씀하시는데, 맞습니다. 의도를 아주 잘 파악하셨습니다. 캠프를 통해 꿈을 꾸게 하고 책과의 만남은 물론 더 귀한 선생님들과의 만남이 있습니다. 독서캠프에 참여하는 스텝들은 우리 꿈의학교 교육과정을 온몸으로 경험한 졸업생들입니다. 졸업생들이 독서캠프 교사로 와서 미래의 후배들 혹은 학교 후배가 아니더라도 하나님 나라의 후배들을 위해 온몸으로 함께 놀면서 책을 읽는 경험을 하게 됩니다. 이를 통해 아이들에게 다양한 각도로 책을 읽고, 듣고, 씹고, 먹어보게 하면서 책의 귀한 가치들을 발견할 수 있도록 도와줍니다. 더 나아가 성경적 관점으로 바라볼 때 하나님의 마음도 이와 같다는 것을 알려주고 하나님을 알아가는 기회를 제공합니다.

한편으로 독서캠프는 일명 '졸업생들의 갱생캠프'가 되기도 합니다. 졸업생들이 단순히 학교를 방문하기보다는 가치 있고 의미 있는 일에 동참하면서 "아, 맞아. 내가 이렇게 배웠지!", "이렇게 살려고 여기서 훈련받고 생활했었지!"라고 다시 온몸으로 기억하는 시간이 됩니다.

또한 매 겨울마다 해외 선교자 자녀, 재외한국인 자녀들을 위해 선생님이 직접 그 지역으로 가 해외 독서캠프도 진행합니다. 이를 통해 한인 커뮤니티도 회복되고 교회와 지역의 공동체를 살리는 역할을 감당하고 있습니다.

꿈의학교 독서교육의 교육활동과 가치는 설명해도 끝이 없을 것 같습니다. 독서교육을 더욱 발전시키기 위해 끊임없이 연구하고 있습니다. 특히, 책 읽기의 즐거움을 어떻게 다양하게 경험시킬 수 있을지에 대해 고민합니다.

요즘 세상은 책 읽을 시간을 허락하지 않습니다. 졸업하고 성인이 되면 책을 더 안 읽게 되는 안타까운 현실을 살고 있습니다. 단순히 좋은 책, 안 좋은 책 이분법적으로 나누기보다는 우리가 이야기하는 명작들을 어떻게 아이들이 잘 읽고 해석할 수 있는지 가르치고 싶습니다. 우리의 교육이 곧 세례를 베푸는 것처럼 세상을 읽어낼 수 있는 아이들로 키우는 것이 꿈의학교 독서교육이 궁극적으로 목표하는 바입니다.

앞으로 꿈의학교는...

제가 예전부터 꿈꿨던 것은 졸업생들이 꿈의학교 교사로 돌아오는 것입니다. 물론 전체는 아닐지라도 반 정도라도 말입니다. 학생들이 졸업하고 하나님 나라의 제자들을 양성하기 위해 다시 이곳으로 돌아오는 것. 동역자로서 함께 다음 세대를 키워내는 아주 훌륭한 일이라고 생각합니다.

아버지가 돌아가시기 전, 저에게 하신 말씀이 있습니다.
"철환아, 너 사는 것 보니 하나님이 진짜 계신 것 같다."

그때 아버지의 말씀은 저에게 잔잔한 울림이 되었고 비기독교인이었던 저희 아버지의 말이 어떤 의미인지 어렴풋이 이해되었습니다. 저는 장대한 목표를 세우기보다는 사회적 책임 의식을 가지고 우리가 할 수 있는 범위 내에서 최선을 다하기를 원합니다.

누군가 "꿈의학교가 뭔지는 모르겠지만 스승과 제자의 관계는 이런 것 같다.", "기독교교육은 이런가 보다."라는 생각이 들게끔 한국 교육계와 사회에 잔잔한 울림을 줄 수 있는 학교가 되기를 소망합니다. 그래서 꿈의학교 졸업생의 자녀들이 꿈의학교에 다니고, 아버지가 자녀에게 "여기, 아빠가 다녔던 학교야."라고 말하는 것을 상상합니다. 그게 바로 우리 모두가 올바른 길을 가고 있다는 증거 아닐까요?

건강한 꿈의학교 문화를 만드는 '학생회'

[소개] 21대 학생회장 빛과소금 **예수안**

초등학교 5학년 때 부모님의 권유로 꿈의학교 독서캠프에 참여해 꿈의학교를 알게 되었다. 이후 학교에 관심이 생겨 지원하게 되었고 2018년 중1로 꿈의학교 꿈쟁이가 되었다. 현재 고2로서 2022년 학생회장이자 하나학생회 회장단에 소속되어 꿈의학교 학생 리더로 섬기고 있다.

학생회

    꿈의학교에는 고2가 리더 학년이 되어 '학생회'라는 조직을 편성합니다. 학생회의 주요 역할은 학생들의 목소리를 듣고 선생님들과 소통하며 건강한 꿈의학교 문화를 만들어가는 데 힘쓰는 것입니다. 올해 저희 학생회의 이름은 '하나학생회'입니다. 학생회는 매년 회장단의 정체성에 따라 방향이 조금씩 달라지는데, 하나학생회는 학생들의 관점에서 필요한 것이 무엇인지 고민하며 학생들과 소통하고 의견을 경청하여 섬기는 것에 정체성을 두고 있습니다.

    현재 학생회 구조는 회장단 산하에 8개의 부서로 이루어져 있습니다. 각 부서에는 부장과 차장이 있으며 총 18명의 임원으로 구성되어 있습니다. 매년 다양한 활동과 행사를 기획하기도 하는데 각 부서별 목표를 설명 드리면 다음과 같습니다.

      친교부 - 학생들 간의 관계 향상시키기

      문화부 - 꿈의학교의 특색있는 문화를 보존하고 만들기

      생활부 - 생활에서 겪는 불편한 점 개선하기

      미화부 - 학교를 가꾸며 아름다운 환경 조성하기

영성부 - 학교생활에서 하나님과 가까워질 수 있는 기회 제공하기

언론부 - 바람직한 언론 역할 및 다양하고 정확한 정보 제공하기

오예부 - 이름처럼 신나는 즐거움을 주며 생활 속 오감의 즐거움

제공하기

학습부 - 교육적 가치에 맞는 학습을 할 수 있도록 도와주기

저희 학생회가 올해 정한 방향성은 대표적으로 세 가지가 있습니다. 첫째, 학생들의 의견을 듣고 대신 목소리를 내는 것. 둘째, 꿈의학교 20주년에 맞는 새롭고 좋은 문화를 만들고 지키는 것. 그리고 셋째, 하나 되고 연합하기 위해 다양한 활동을 하고 친해질 수 있는 환경을 조성하여 공동체성을 강조하는 것입니다.

2022년 1년 동안 하나학생회를 통해 이룬 성과를 말씀드리자면 '전학년 세족식'을 진행한 것이었습니다. 세족식을 진행하면서 선배들이 후배들의 발을 씻겨주고 또 기도제목을 받아 함께 기도해주는 뜻깊은 시간을 가졌습니다. 세족식을 준비하면서 어려운 점도 있었지만 보람이 더 컸던 것 같습니다. 고2 친구들은 누군가를 섬길 수 있어서 정말 좋았다고 했고, 후배들은 선배들의 사랑과 섬김의 마음을 느낄 수 있었다고 했습니다. 다양한 피드백을 받는 순간, 저는

'우리가 하나가 되어가고 있구나.'라는 것을 느꼈습니다. 그리고 그 안에는 단순 행사로서만 진행되는 것이 아닌 기도가 있었기에 우리가 서로 연합할 수 있었습니다.

꿈의학교에서 학생회 활동을 한다는 것은 4년 동안 배운 가치들을 활용할 수 있는 시간이라고 생각합니다. 사실 남을 섬기는 게 쉬운 일이 아닐 뿐더러 섬기는 기회도 많지 않은데, 학생회 활동을 하다 보면 자연스레 '섬김'이라는 영역을 마주하게 됩니다. 내가 필요한 부분이 무엇인지 알게 되면서 자연스레 타인을 어떻게 섬겨야 할지를 스스로 고민하고 찾을 수 있는 시간이라고 생각합니다. 그래서 학생회 활동은 그동안 선배들에게 받았던 사랑을 후배들에게 돌려주고 지금까지 배웠던 것을 실제로 구현할 수 있는 아주 좋은 기회였던 것 같습니다.

이쯤에서 학생회장은 어떻게 되는 것인지 궁금하실 것 같은데요, 꿈의학교의 회장선출

방식은 조금 특이합니다. 저는 2021년 11월, 제비뽑기를 통해 2022년 학생회장이 되었습니다. 보통 일반학교에서는 학생회장이 되려면 후보등록을 하고 공약을 내세우며 선거 유세를 하는데 꿈의학교에서는 이런 과정이 하나도 없습니다.

일단, 고1이 되는 해 9~10월 쯤 모든 고1 꿈쟁이가 후보자가 되어 전교생이 투표를 합니다. 그러면 선배들과 후배들은 고1들의 지금까지의 모습을 보며 학생회장으로 섬길만한 사람을 투표하고 거기서 7% 이상의 득표를 받은 사람은 최종 회장 후보가 되어 일주일간 새벽 기도를 나갑니다. 기도하는 시간을 통해 하나님께 물어보고 또 마음의 준비를 합니다.

일주일간 기도 시간이 끝나면 전교생 앞에서 제비뽑기를 하게 되는데, 거기서 뽑힌 사람은 고2가 되는 해에 학생회장으로 섬기게 됩니다. 유세나 어떤 권력을 통해 회장이 되는 것이 아니라 하나님이 선택하는 이가 학생회장이 되기에, 그 뜻에 모두 순종하며 어느 누구도 그 결과에 대해 토를 달지 않습니다. 저도 매년 학생회장 선출모습을 지켜봤지만 막상 제가 그 자리에 서게 되었을 때는 엄청 긴장했던 기억이 납니다.

학생회장의 대표적인 역할은 학생회와 부서를 전반적으로 운영, 관리하는 일입니다. 하지만 실제로 제가 경험해보니 이 자리는 제일 낮은 자리에서 누군가를 섬기는 자리라는 것을 깨달았습니다. 필요한 곳이 있다면 제일 먼저 달려가야 하고, 일이 끝나면 끝까지 남아 부족한 부분을 채워주는 역할을 감당하는 자리라는 것을 직접 해보니 알게 되었습니다.

학생회라는 조직이 학생들이 보기에는 멋있어 보일 수도 있지만 그 안에는 보이지 않는 어려움도 상당합니다. 사실 올해 시작하면서 부딪혔던 어려움들이 많았습니다. 작년 고1 후반기 다음 해 학생회가 어느 정도 편성이 될 무렵, 어떤 방향으로 나아가야 하는지 고민이 많았습니다. 학교 차원에서도 이 문제를 함께 다루었고, 바뀌어야 하는 규정 속에서도 서로 첨예한 논의도 주고받았습니다. 그래서 그 과정 속에서 '우리가 내년에 잘 할 수 있을까?'라는 걱정도 되었고, 저희들 스스로가 자신이 없었습니다. 하지만 지금 돌이켜보면 그때 그런 걱정들을 왜 했을까 싶을 정도로 다 잘 된 것 같고 서로 힘을 모아 어떻게든 어려움을 잘 극복해냈다는 사실이 뿌듯하게 느껴집니다.

사실, 학생회 구성원들은 고2 꿈쟁이들로 구성되어 있지만 많은 사람들이 지원해줬기에 가능한 조직이었습니다. 일단 부모님들이 기도도 많이 해주시고 선생님들도 최대한 저희들을 도와주기 위해 애쓰셨습니다. 그랬기에 크고 작은 어려움들도 비교적 쉽게 이겨낼 수 있었고, 가장 큰 도움이 됐던 건 우리 고2 모든 친구들이었습니다. 저희가 함께한 세월이 많게는 5년 정도 되는데 저희들은 서로 표정만 봐도 서로의 마음을 다 압니다. '쟤는 저런 생각을 갖고 있구나.', '내가 저 친구를 위해 도와줄 것은 무엇인가!' 등 함께 한 세월이 있기에 눈빛만 봐도 서로의 필요를 충분히 채워줄 수 있었고 또 의지할 수 있는 동역자이기에 어려움을 함께 이겨낼 수 있었습니다.

　학생회를 하며 가장 보람을 느꼈을 때는 어떻게 보면 학생, 선생님, 부모님들이 해주는 말 한마디인 것 같습니다. 저희가 매번 행사를 기획할 때는 신나서 하는데 막상 끝나면 몸도 마음도 많이 지치게 됩니다. 하지만 그럴 때마다 힘이 되는 것은 후배들이 와서 "정말 좋은 시간이었어요.", "너무 재미있고, 행복해요."라는 한 마디가 그렇게 힘이 됩니다. 그리고 선배님, 선생님, 부모님들이 '수고했다.', '정말 잘했다.'라고 격려해 주시면 보람차고 행복한 것 같습니다. 꼭 올해뿐만이 아니라 앞으로도 우리 후배들이 학생회를 이끌어가고 여러 가지 일을 기획할 텐데 그때마다 격려의 말 한마디 해주신다면 1년 치 힘듦이 싹 사라질 것 같습니다.

이번 한 해를 돌아보며 저희 학년이 하나됨을 느낀 순간도 많았습니다. 학생회에서는 행사를 기획하고 준비하지만 그 일을 해내는 건 '고2 모두'입니다. 그런데 고2라는 시기는 공부하기에도 바쁜 아주 중요한 시간입니다. 하지만 여러 가지 상황 속에서 친구들에게 도움을 요청하면 군말 없이 정말 열심히 도와줍니다. 그게 또 저에게는 큰 힘이 됩니다. 평소에 표현을 잘 안 해서 그렇지만 우리 고2들이 없었다면 학생회도 없었다는 것을 이 자리를 통해 전하고 싶습니다.

꿈의학교의 학생회는 나름 역사와 전통이 있기에 그 맥을 잘 이어가고 있습니다. 그래서 지속 가능한 학생회가 되기 위해 우리가 어떤 일을 할 수 있을지 고민도 많이 했습니다. 고민 끝에, 차기 학생회와 후배들을 위해 저희는 '학생회 정관'을 만들기 시작했습니다. 그동안 여러 가지 전달사항이나 규정이 구두로 전달되어 기억에 의존한 경우가 많았습니다. 그래서 제대로 된 문서화 작업을 통해 학생회를 조금 더 체계적으로 만들기 시작했습니다.

학생회라는 기구가 더 발전되기 위해서는 학생들의 적극성도 중요하지만, 그 적극성을 응원해주는 선생님들의 도움도 많이 필요합니다. 지금도 많은 지원을 해주고 계시지만 학생들의 입장에서 함께 해주시는 선생님들이 더 많아진다면 학생들도 더 힘을 낼 수 있지 않을까 생각합니다.

저는 개인적으로 꿈의학교에 와서 가장 좋았던 점은 서로 기도해주는 문화였습니다. 내가 기도하고 있으면 친구들이 저를 위해 기도해주고, 또 제가 다른 친구를 위해 기도해줄 수 있다는 것이 얼마나 큰 기쁨이었는지 모릅니다. 찬양팀, 예배팀으로 섬기면서 신앙적인 부분도 많이 배우게 되었고, 말씀 나눔을 하며 내가 미처 보지 못했던 하나님의 모습을 친구들을 통해 배웠습니다. 그렇게 한 걸음씩 성장해나가는 것을 보면 우리는 경쟁자가 아닌 동역자라는 것을 느낍니다.

제가 학생회로 있어보니까 이전 선배들의 수고와 헌신이 어마어마했다는 것을 새삼 느낍니다. 중1 때부터 많은 선배님들을 지켜봤는데 제일 기억에 남는 학생회는 2021년 '온학생회'입니다. 왜냐하면 나이 차이도 한 살 밖에 나지 않아서 때론 친구처럼 허물없이 지내고 서로 장난도 많이 쳤는데 고2가 되니 아주 멋있게 학생회를 이끌어나가는 모습을 보았기 때문입니다. 평소에 볼 수 없었던 선배의 모습과 리더십을 보고 많이 배운 것 같습니다. 한편으로는 당장 다음 해에는 이 선배들이 했던 것을 그대로 해야 한다고 생각하니 더 특별하게 느껴졌던 것 같습니다.

내년에 학생회를 이끌어갈 고1 친구들에게 한 마디 하자면, "꼭 함께하라."고 말해주고 싶습니다. 꿈의학교의 대표적인 학생 기구로는 학생회, 자치회, 동아리연합회가 있습니다. 이 세 기구가 함께 하는 활동이 꼭 생기면 좋겠습니다. 저희 때는 드림축제에서 서로 역할을 분담하며 다 같이 움직여 더 풍성한 축제들을 만들었습니다. 각자 자신들만의 색깔로 진행하다보니 오히려 연합의 기회가 되었고 서로 배운 점도 많았습니다.

어쩌면 앞으로의 후배들은 저희보다 더 멋지게 연합하고 꿈의학교를 더 잘 누릴 수 있을 것 같은 기대감도 듭니다. 또한 매년 학생회는 그 학년 특성에 따라 모습이 조금씩 달라질 수 도 있습니다. 하지만 색다른 모습들이 있기에 매년 달라지는 학생회는 꿈의학교 공동체에 신선함을 주는 것 같습니다. 저희 학년이 졸업하더라도 밖에서 재학생들을 위해 기도하는 마음으로 함께할 테니, 꿈의학교 학생회가 하나님 보시기에 더욱 좋은 모습으로 발전하면 좋겠습니다.

앞으로 꿈의학교는...

꿈의학교를 생각하면 시편 23편 2절 말씀 '그가 나를 푸른 풀밭에 누이시며 쉴 만한 물 가로 인도하시는도다.'라는 말씀이 생각납니다. 제가 생각한 꿈의학교는 '쉴 만한 물가'인 것 같습니다. 그만큼 꿈의학교라는 공간에서는 편안하게 쉴 수 있고, 친구들과 함께 보내는 시간이 소중하기에 저에게는 '제2의 고향'입니다. 사실 저의 고향은 서울이지만 그리운 정과 추억이 쌓여있는 곳은 바로 이곳 꿈의학교입니다.

저는 이제 한 해만 더 지나면 졸업을 하게 됩니다. 앞으로 수많은 후배들이 있을 텐데, 학교를 먼저 다닌 선배로서 이야기해주고 싶은 것은 "꿈의학교에서 누릴 수 있는 것들을 최대한 많이 누려라."라는 말입니다. 꿈의학교에 있으면 사실 힘든 시간도 많이 있습니다. 중1 때는 선배들도 많고 형들이랑 방을 쓰면 좀 무섭기도 하지만, 그때의 시간들은 지금 생각하면 아주 소중했던 시간이었습니다. 아무 생각 없이 드렸던 예배, 선배들과의 시시콜콜 이야기 등 모든 것이 다 추억으로 남아있습니다.

제가 졸업생으로 꿈의학교를 방문할 때 바라는 모습은 꿈의학교가 좀 더 하나 된 모습이면 좋겠다는 상상을 하곤 합니다. 학생들의 연합을 넘어 선생님, 학부모, 졸업생들이 쭉 연합된다면 정말 좋을 것 같습니다.

이중관계
'졸업생 교사'

[소개] 졸업생 교사 그늘목 **김동건**

2002년 15살이 되던 해에 꿈의학교를 다니기 시작해 2007년 졸업했다. 부모님에 의해 얼떨결에 입학했지만 꿈의학교라서 재미있게 학교를 다녔고 그 향수를 잊지 못해 다시 학교로 돌아왔다. 2016년부터 지금까지 교사로 섬기고 있으며, 현재 독서과 교사이자 DJ 2, 3학년을 담당하고 있다.

졸업생 교사

학창시절과 교사시절을 포함해 오랫동안 꿈의학교에 머물면서 학교의 역사와 함께 성장했습니다. 그래서 저는 이곳을 '집'이라고 표현하고 싶습니다. 중1 때까지는 일반학교를 다녔고 중2부터 꿈의학교를 다녔습니다. 일반학교에서는 체벌이 너무나 당연한 세상이었고 이유도 모른 채 선생님께 맞는 날들이 있었습니다. 어른이 되고서야 그게 심각한 일이었다는 것을 깨달았지만 학생이었을 때는 그냥 그런가보다 생각하며 학교를 다녔습니다.

이런 일을 겪고 하루는 어머니께 "기분이 좋지 않다."고 이야기했던 것을 어머니는 계속 기억하고 계셨고, 일반학교에 다니는 것은 희망이 없다고 판단하셨나 봅니다. 어느 날은 다짜고짜 저를 차에 태우고 어딘가로 향하셨습니다. 그곳은 바로 '꿈의학교'였습니다. 저는 차로 이동하는 중 선발캠프에 참여한다는 사실을 알게 되었습니다. "며칠 캠프만 하고 오면 돼."라는 어머니의 한마디. 저는 그렇게 꿈의학교의 꿈쟁이가 되었습니다.

그 당시 학교를 다닐 때 지금과는 다르게 4학기로 학기가 운영되었고 네 번의 방학이 있었습니다. 방학이면 집에서 놀 수 있으니까 좋아할 텐데 저는 이상하게도 방학이 좋지 않았습니다. 왜냐하면 재미가 없었기 때문입니다. 학교생활이 워낙 역동적이고 매번 새로운 일들이 일어나니까 저에게는 그게 좋은 자극이 되었고 매일 매일이 재밌었습니다. 사실 이런 자극 속에서 편안함을 느끼기가 쉽지 않은데 이상하게도 그 생활이 참 편했고 맞는 옷을 입은 느낌이었습니다. 그래서 지금도 저의 학창시절은 제가 살아있음을 느끼게 해주었던 시간으로 기억에 남습니다.

학창시절 중 가장 기억에 남는 것은 '새벽예배'였습니다. 지금은 새벽예배가 의무가 아니지만 제가 고1때까지만 해도 의무로 참석해야 했습니다. 세상 참 좋아졌죠? 지금 후배들, 정말 다행인줄 알아야 합니다. 매일 5시에 일어나 전등도 하나 없는 깜깜한 길을 모험하듯이 친구들과 함께 걸었던 때가 생각납니다. 지금은 학교 곳곳에 조명이 있어 밤에도 어둡지 않은데 그때는 아주 어두웠습니다. 그당시 새벽예배 가는 길에 커다란 대야가 여러 개 있었습니다. 비가오면 물이 고여 있었는데 친구들은 맨날 잠결에 비몽사몽 걸어가니 한두 명은 그 대야에 무조건 발을 빠뜨리는 겁니다. 알면서도 매번 빠지는 게 참 쉽지 않은데, 그때는 안 빠지면 섭섭할 정도로 자주 빠졌습니다.

비록 누군가에게는 짧은 길이겠지만 저희들에게는 머나먼 길이었습니다. 지금 다시 하라고 하면 절대 못할 것 같습니다. 그래서 그때는 참 많이 아팠던 것 같습니다. 괜히 새벽예배 가기 싫어서 아팠고, 갖가지 이유를 대가며 새벽예배에 참석 못하는 이유를 만들곤했습니다. 그때 담임 선생님이시던 꿈꾸는님은 제가 진짜 아픈지 확인하러 오셨는데 문 열리는 소리가 들리자마자 온갖 아픈 마음을 끌어올리려고 노력했던 모습이 기억납니다. 저는 아주 착한 케이스에 속했고, 어떤 친구는 아예 장롱 속에 숨었던 친구들도 있었습니다. 지금 교사로서 생각하면 너무 어설펐던 행동들이지만 그때 저희들에게는 아주 중요한 일이었습니다. 멋진 수업이나 활동을 기대하셨을 분들도 계실 텐데, 저는 새벽예배 때가 가장 기억에 납니다.

제가 학생이었을 때와 지금을 비교했을 때 가장 큰 차이는 '물리적 환경'이라고 생각합니다. 옛날에는 교실도 부족하고 활동을 할 수 있는 환경 자체가 열악했습니다. 매년 방학을 보내고 오면 건물이 하나씩 만들어졌던 게 참 신기했습니다. 지금은 선생님들마다 각자 교실이 있다는 것도 신기하고 학생들이 자유롭게 생활할 수 있는 공간이 갖춰진 게 참 감사합니다.

외부적인 환경뿐만 아니라 교육과정도 많이 바뀌었습니다. 그때는 워낙 뭐가 없어서 한 선생님이 영어도 가르치고 수학도 가르치며 여러 과목을 섭렵하셨고, 학년별로 선생님이 없다보니 중고등을 다 가르치시는 선생님도 비일비재했습니다. 또 뭔가를 배우고 싶으면 스스로 찾거나 담임 선생님의 역량에 극도로 의존했던 시절이었습니다. 하지만 지금은 교육과정도 체계적으로 잡혀있고 선생님들도 많이 계십니다. 고등학생이 되면 계열에 따라 전문성을 키울 수 있는 수업들도 많고 웬만하면 학교 안에서 다 해결할 수 있는 수준까지 확장됐다는 게 놀라운 일입니다.

일반적으로 학교를 졸업하게 되면 다시 학교로 돌아와 일하는 게 쉽지 않은데, 저희 학교는 몇 명의 졸업생 교사가 있습니다. 저도 그중 한 명입니다. 제가 학교로 다시 돌아온 결정적인 이유는 바로 '가치관' 때문이었습니다. 대학을 졸업하고 부푼 마음을 안으며 첫 직장에 취직했습니다. 저는 한 회사 비서실에서 근무했었는데, 결과적으로 말하면 9개월 만에 때려치웠습니다. 이렇게 표현해도 될지 모르겠지만, 그 일을 하다보면 때로는 장님이 되어야 할 때가 있었고, 때로는 벙어리가 되기도 해야 했습니다. 그리고 정당하지 못한 일을 어쩔 수 없이 뒤에서 도와주거나 처리해야 하는 순간들이 있었습니다.

저는 자괴감에 빠졌습니다. 짧지만 몇 개월 일하는 동안 '내가 지금 여기서 뭘 하고 있지?'라는 회의감에 빠졌습니다. 저는 가치 있는 일을 하고 싶어 학창시절부터 열심히 배우고 치열하게 살아왔는데 직장에서의 저의 모습은 제가 상상했던 모습이 아니었습니다. 그렇게 하루하루 좌절감에 빠져 있을 때 지금의 교장 선생님이자 스승님이셨던 꿈꾸는님을 뵙게 되었습니다. 학교에서 함께 일해보지 않겠냐는 제안을 하셨고, 이후에도 몇몇의 꿈의학교 선생님들과 만나면서 마음을 다잡게 되었습니다. 바로 직장을 그만두고 2016년부터 꿈의학교 교사로서 지금까지 함께하고 있습니다.

그때 나름의 잘 나가는 회사를 뒤로해서 아쉬울 법도 한데, 저는 꿈의학교를 선택한 것이 전혀 후회되지 않았습니다. 포기라고 생각하지 않고 새로운 선택을 한 것이라 생각했고 감사했습니다. 가끔은 우스갯소리로 "내가 미쳤지. 무슨 짓을 한 거야."라고 농담을 할 때도 있지만 저는 제 인생에 있어 참 잘한 선택이라고 생각합니다.

확실히 학교에서 학생들을 가르치다보니 요즘 아이들은 참 다르다는 것을 느낍니다. 최근에 가장 기억 남는 일화를 소개해 드리자면, 개인적으로 아끼는 두 친구가 있습니다. 학습코칭뿐만 아니라 다양한 활동도 같이 하는데 제자로서 아끼는 마음에 제가 따로 선물을 준 적이 있습니다. 그런데 선물이 하루 차이로 배송일자가 달라 의도치 않게 한 친구는 빨리 주고, 다른 친구는 상대적으로 늦게 받게 되었습니다. 전 그때 별 거 아니라고 생각했는데 3주 뒤에 선생님과 학생들이 함께 속풀이 하며 관계를 푸는 시간에 충격적인 말을 듣게 되었습니다. 선물을 늦게 받은 그 친구가 서운한 감정을 토로한 것이었습니다. 그 하루의 차이는 엄청난 나비효과가 되어 돌아왔고 그 사실을 안 순간 저는 당황했습니다.

교사의 입장에서는 어쨌든 선물이라는 것을 마냥 좋은 의미로 생각했는데 아이들은 사소한 것 하나로 상처받을 수 있다는 것을 한 번 더 생각하게 해준 계기가 되었습니다. 물론 나중에 그 친구도 자신의 생각이 짧았는지 사과하러 오긴 했지만 사랑을 마냥 베푸는 것에 그치지 않고 지혜로운 방법을 더해서 더 꼼꼼하고 조심스럽게 대해야 한다는 것을 깨달았습니다.

어떻게 보면 저는 학교에서 이중관계를 맺으며 살고 있습니다. 학창시절 때의 스승님들이 지금은 동료가 되었고, 후배들이 지금은 제자가 되었습니다. 재미있는 것은 동료 선생님들이 같이 회의하거나 일 할 때에는 서로 존칭을 쓰는데, 갑자기 "동건아~"라고 제 본명을 부르실 때가 있습니다. 그때 저는 '아, 뭐 부탁하실 게 있구나!'라는 생각이 직감적으로 느껴집니다. 그럼 저는 또 흔쾌히 제자로서 일을 도와드립니다.

지금은 체벌을 해서도 안 되고 체벌이 통하지 않는 시대이지만, 십 몇 년 전만 하더라도 꿈의학교에서는 사랑의 매가 통용되던 시절이 있었습니다. 저도 꽤 맞으면서 자랐습니다. 결정적인 것은 그때는 맞아도 기분이 나쁘다거나 화가 나지 않았습니다. 오히려 저는 그게 사랑이라는 것을 느낄 수 있었고 사랑이 아니라고 느껴본 적도 없었습니다. 맞을 수 있음에 감사하고 혼나는 시간이 곧 성찰의 시간이 되었기 때문입니다.

또 예전과 다르다고 느낀 것은, 요즘 아이들은 혼나는 것에 감정적으로 반응한다는 것입니다. 깊은 관계를 맺었다 하더라도 조금의 혼냄은 바로 서운함으로 남기에 아이들을 감정적으로 더 섬세하게 대해야 합니다. 저는 아무리 예전 스승님들을 따라가고 싶어도 시대가 많이 변했기에 지금의 제자들이 나의 학창시절 때처럼 반응할 것이라고 생각했던 부분이 가장 큰 오판이었던 것 같습니다. 지금은 더 너그럽고 따뜻하게 대해줘야 하는 것이 요즘의 교육트렌드이지 않을까 싶습니다. 하지만 보람을 느낀 경우도 있습니다. 보통 혼나면 삐지고 말도 안하는 친구들이 있는가 하면 반대로 고맙게 받아들여주는 친구가 여전히 있다는 것입니다. 선생님의 숨은 의도를 파악한 것이죠. 그래서 비록 혼을 냈지만 아이들이 감사의 표현을 해주었을 때 제일 보람찹니다.

꿈의학교에 졸업생 교사로 있다는 것은 어떤 의미일까요? 곰곰이 생각해 보니 그 시절 선생님들이 꾸던 꿈을 누군가 함께 꾸고 있다는 의미인 것 같습니다. 저도 교사가 되고 5년 정도 지났을 때 느

겼는데 생각보다 큰 의미로 다가왔습니다. 왜냐하면 우리가 아무리 꿈을 꾸고 좋은 일을 한다고 무언가를 계획하지만 그 결실이 구체적이지 않을 때가 많습니다. 그런데 어느 순간 제가 그 결실로 여기에 와 있고 동역자가 되어 있다는 것이 꿈의학교로서는 큰 의미가 있는 것 같습니다.

하지만 어려운 점도 물론 있습니다. 어떻게 보면 졸업생들을 교사로 뽑는 공동체의 약점이라고도 볼 수도 있습니다. 선생님이었을 때는 어쨌든 제자에게 사생활이 다 감추어지고 드러내지 않아도 되는 부분들이 있었는데, 동료로서 같이 일을 하다보면 어쩔 수 없이 드러나는 부분이 있습니다. 학생 때는 영웅 같았던 선생님들의 인간미 넘치는 모습도 많이 보았습니다. 처음에는 놀라기도 하고 실망도 했지만 인간은 모두 연약한 존재이고 그렇기 때문에 공동체가 필요하다는 것을 느꼈습니다. 그 공동체에서 서로 도와줄 수 있는 부분을 돕는다고 생각하니 마음이 훨씬 편해졌습니다.

제가 처음 학교에 교사로 왔을 때 가르쳤던 제자들이 지금은 20세, 21세 성인이 되었습니다. 만약 그 제자들이 저처럼 졸업생 교사로 온다면 저는 이런 조언을 해주고 싶습니다. "우리는 그 시절 기억하고 있는 훌륭한 선생님들처럼 될 수 없다. 다른 사람이기도 할 뿐더러 환경과 시대가 변했기에 현재에 맞게 우리만의 색깔을 내며 가르칠 수 있는 교사가 되어야 한다. 그리고 졸업생 교사로서 우리는 그 시절 사랑했던 선생님과 지금의 학생들을 잘 연결시켜 주는 교도부 역할을 해야 한다."

앞으로 꿈의학교는...

학창시절 꿈의학교가 지닌 선한 문화 중 하나는 '관계'라고 생각합니다. 현재 꿈의학교의 규모가 아무리 커져도 잊지 말아야 할 것은 학생, 선생님, 부모님 간의 관계입니다. 심지어 남의 자녀들과 남의 부모님들과의 관계 등 수많은 관계가 있습니다. 우리는 이 관계를 계속 지켜나가려는 노력이 어떻게 보면 가장 핵심 가치이지 않을까 생각합니다. 왜냐하면 하나님도 관계를 통해서 우리와 소통하시고, 나와 이웃의 문제를 함께 바라보고 함께 해결하기를 원하시기 때문입니다. 저는 실제로 관계가 잘 이루어질 때 나와 친구의 문제도 같이 해결되는 것을 경험했습니다. 그래서 관계의 회복이 중요하다고 생각합니다.

최근에 한 드라마에 나온 커다란 '팽나무'를 본 적이 있습니다. 마을 한 가운데에 떡하니 차지하고 있던 팽나무는 주변의 환경이 아무리 변하여도 그 변함에 상관없이 어느 때나 잘 어울립니다. 항상 그 자리에서 자연스럽게 어울리며 사람들에게는 쉼터가 되어줍니다. 그 팽나무 밑에서 사람들은 여러 가지 생각도 하고 쉼을 누립니다.

저는 꿈의학교가 이 팽나무와 같은 존재가 되었으면 합니다. 지금 시대는 너무 빠른 속도로 변화하는데 우리가 배우고 가르치는 교육의 가치들은 쉽게 변하지 않습니다. 서로 반대되는 속성 속에서 우리는 공존해야 하는 삶을 살아가야 합니다. 팽나무처럼 우리 학교는 그 자리를 계속 지키고 있되, 주변을 재해석하고 사람들에게 통찰을 줄 수 있는 학교가 되어야 하고 우리 교사들이 그런 역할을 잘 감당하면 좋겠습니다.

하나 되는 힘찬 함성
'체육대회'

[소개] 체육교과 교과장 한길가는 **추승효**

하나님께 받은 사랑을 다음 세대에 흘려보내는 일을 하고 싶어 교사라는 꿈을 갖게 되었고, 대학시절 즐겁게 가르칠 수 있는 과목이 무엇일까 고민하다 '체육'이 떠올라 바로 체육교육과로 편입했다. 예전부터 꿈의학교에 가고 싶었지만 졸업 후 캄보디아 프놈펜 좋은학교에서 1년간 선교활동을 떠났다. 한국으로 돌아와 멀어졌다고 생각한 꿈의학교와의 인연은 2011년, 1대 교장 의로운님의 권유로 부르심을 받으며 생활관교사로 근무하기 시작했고 지금까지 체육교사로 아이들과 함께하고 있다.

체육대회

체육대회하면 가장 먼저 떠오르는 단어는 '즐거움'입니다. 이날은 학생들이 1년 중 유일하게 자유롭고 즐거운 분위기 속에서 맘껏 즐기는 날이지 않을까 싶습니다.

체육대회는 어떻게 보면 학교의 축제와도 같은 시간입니다. 일반적으로 우리가 생각하는 체육대회는 '운동 잘하는 친구들이 실력 제대로 발휘하는 날'입니다. 최후의 1인으로 살아남아 더 많은 기록과 더 높은 점수를 달성하도록 치열한 경쟁 위주의 활동이 주를 이루게 되는데, 제가 처음 학교에 왔을 때 체육대회의 모습도 이와 같았습니다.

저는 생활관교사와 체육교사를 겸임하다가 2015년부터 체육교과에서만 일하게 되었고, 2017년부터는 제가 체육대회를 직접 기획했습니다. 체육대회를 기획할 때, 가장 큰 목적은 잘하는 사람만의 축제가 아닌 '다같이 즐길 수 있는 프로그램'이었습니다. 그래서 실제 수업에서 했던 활동을 체육대회 종목으로 넣기도 하며 어떻게 하면 다같이 즐길 수 있을지 많이 고민했습니다.

　교사로 있다 보면 아이들을 가르치는 것만큼 중요한 것이 '평가'라고 생각합니다. 그래서 어느 날은 평가에 대해 진지하게 생각해 본 적이 있습니다. 예전에 어떤 분이 중간고사나 기말고사 같은 시험이라는 활동 자체가 축제라고 했던 말이 기억에 납니다. 한 마디로 '지식의 축제'라는 것이죠. 저는 처음에 이게 무슨 소린가 했는데 어찌보면 학자들이 열심히 연구한 이론을 우리가 공부해서 시험 당일 마음껏 잔치를 벌이는 것. 그것이 곧 축제라는 의미로 해석된 것 같습니다. 그만큼 공부한 시간이 쌓이면 쌓일수록 내 지식을 맘껏 뽐내는 그 시간이 우리에게는 필요합니다.

　체육이라는 과목은 다른 교과에 비해 몸으로 배운 것을 체육대회랑 연계하기만 한다면 이것이야말로 온몸으로 즐기는 최대의 축제라는 아주 좋은 그림이 떠올랐습니다. 그래서 체육수업 시간에 학생들이 부담 없이 배우면서 친구들과도 같이 운동하며 새로운 것도 시도하고 경험하게 합니다. 이게 쌓이고 쌓이면 비로소 체육대회 때는 지금까지 배웠던 것을 스스로 점검하는 시간이 됩니다.

하지만 아무리 좋은 의도를 가졌다 해도 때에 따라서는 어려움에 부딪히기도 합니다. 기획했던 의도와는 다르게 흘러가거나 전혀 예상치 못한 상황이 발생할 수 있습니다. 사실 '모두가 즐기는 체육대회'라는 의도 자체는 선하지만 한편으로는 공부머리는 부족하지만 이 체육대회 날만을 손꼽아 기다리며 나름의 피나는 특별 훈련을 한 친구들도 있습니다. 그 친구들에게는 이 시간이 유일하게 자신의 실력을 맘껏 뽐낼 수 있는 시간인데 그 시간을 뺏어간다고 생각하기 때문입니다. 저도 이 마음은 충분히 이해합니다. 아마 운동 좀 한다 하시는 분들은 공감이 가실 텐데, 체육활동을 통해 많은 사람들에게 환호 받는 그 순간이 얼마나 짜릿한지 모르기 때문입니다. 그래서 경쟁과 평가가 아닌 모두가 함께 즐기는 체육대회가 일부 학생들에게는 오히려 억울할 수도 있습니다.

하지만 우리는 함께하는 공동체이기에 이 축제에 즐겁게 참여하지 못하는 친구들을 위한 배려도 필요합니다. 반대로 운동을 특출나게 잘하지 못해서 마냥 바라만 보고 있어야 하는 사람도 있습니다. 그런 친구들을 위해서라도 저는 수업시간을 통해 경쟁이나 기록 달성보다는 은연 중 협동할 수 있는 활동, 다 같이 참여할 수 있는 활동을 많이 연구했습니다. 한 학기 동안 리그형식으로 하거나 팀워크를 다질 수 있는 방법도 고민했습니다. 이러한 변화를 계기로 체육대회 때 생각했던 방향으로 나아가고 있는 순간을 마주할 때면 나름의 보람도 있습니다.

아마 꿈의학교에 한 번쯤 와보신 분이라면 남자생활관에서 대운동장으로 연결된 긴 다리를 보신 적이 있으실 것입니다. 이 다리는 정확히 기억은 안 나지만 지금으로부터 약 6~7년 전에 생겼습니다. 다리가 생긴 이유는 바로 대운동장을 많이 활용하기 위해서입니다. 어떤 장소를 이용하려면 접근성이 쉬워야 하는데 다리가 없었던 예전에는 학교를 빙 둘러서 대운동장을 가야했기 때문에 이용하는 학생이 거의 없었습니다. 극적으로 이용자가 많이 늘은 것은 아니지만 언제든 운동할 수 있도록 접근성이 좋은 환경을 구축한 나름의 아이디어였습니다.

체육대회를 생각하면 고마운 친구들도 떠오릅니다. 2018년 이전의 체육대회는 학교가 아닌 외부에서 진행했습니다. 학교에서 약 20km 정도 떨어져 있는 서산종합운동장을 매년 빌려 단체로 이동해 체육대회를 열었는데, 2018년부터는 꿈의학교 캠퍼스 내에서 체육대회를 진행하게 되었습니다. 어떻게 보면 최초로 꿈의학교 캠퍼스에서 진행되었는데, 우리는 익숙한 것에서 벗어나면 거부감이 먼저 들기 마련입니다.

이때도 마찬가지였습니다. 계속 종합운동장에서 하다가 학교에서 하니 싫어하는 학생들도 있었고 이해하지 못하는 학생들이 많았습니다. 부정적인 반응으로 인해 어렵게 치를 뻔한 체육대회를 당시 고2 친구들 덕분에 무사히, 재미있게 잘 마무리했던 기억이 납니다. 분위기를 띄우려고 열심히 응원도 하고 체조댄스도 직접 만들며 좋은 분위기 속에서 성황리에 잘 마칠 수 있게 되었습니다.

이 일을 계기로 꿈의학교 캠퍼스 곳곳을 활용하는 운동문화도 새롭게 생겼습니다. 지금은 아이들이 생식탕을 트랙처럼 여기며 달리기 운동을 자주하는데, 체육대회 전에는 그 주변을 트랙으로 활용할 생각을 못했습니다. 그런데 오히려 체육대회 때 생식탕을 오래달리기 트랙으로 이용하니까 그 이후에도 학생들은 아주 자연스럽게 운동을 하게 되었습니다. 체육대회가 임박할 때면 아침저녁으로 생식당을 뛰는 아이들을 자주 보실 수 있을 것입니다.

매년 체육대회가 열렸지만 저에게 가장 기억에 남는 체육대회는 바로 작년에 열린 〈2021년 체육대회〉였습니다. 기존 체육대회는 아무래도 선생님들이 짜놓은 판에서 학생들이 참여하는 경기가 일반적이었는데, 이 해는 최초로 자치회 학생들이 도맡아 기획하고 실제 진행까지 맡게 되었습니다. 처음부터 끝까지 학생들이 자발적으로 기획하고 마무리하는 것은 어쩌면 제가 바랐던 체육대회의 본래 모습이었습니다. 아침부터 저녁까지 즐기는 체육대회, 진짜 축제처럼 모두가 하나 됐던 체육대회, 이 순간 저는 감회가 새로웠습니다. 이를 계기로 앞으로도 학생들이 직접 기획하고 참여하는 체육대회가 열리면 좋겠습니다.

더불어 체육대회에는 다양한 방법으로 참여하는 사람들이 있습니다. 선수로 출전하는 사람, 응원하는 사람, 심판하는 사람, 영상을 찍는 사람 등 체육대회를 즐기는 방법은 천차만별입니다. 운동 쪽에 소질이 있는 아이들이 빛을 보는 것도 의미가 있지만, 모양은 다르더라도 각자 즐기고 싶은 방식대로 함께 즐기는 의미 있는 장이 되었으면 합니다.

우리들만의 리그가 아닌 같은 기독교대안학교들끼리도 연합한다면 좋은 시너지 효과도 일어날 것이라 기대합니다. 사실 코로나로 인해 불가능할 것만 같았던 연합 체육대회가 작년에는 몇몇 대안학교들끼리 합심해 온라인 체육대회를 열기도 했습니다. 온라인으로 어떻게 체육대회를 하냐고 생각하시겠지만 영상으로 찍어 심판이 확인하는 형태로 새롭고도 재미있게 진행되었습니다.

여러 학교가 연합한다는 일이 결코 쉬운 일은 아니지만 연합한다는 것 자체만으로도 의미가 있습니다. 규모가 커지게 되면 꼭 선수로만 참여하는 것이 아닌 응원전으로도 큰 재미요소가 있을 수 있습니다. 대학교 축제에서는 응원전 자체로도 너무 재미있어서 응원단이나 치어리더 팀들이 생기기도 합니다. 우리 학교도 그런 응원단도 생기고 학생들이 진짜 원하는 역할로 함께하는 기회도 충분히 열리길 기대해 봅니다.

체육교사로서 한 가지 아쉬운 점은 인프라의 어려움입니다. 방법도 알려줄 수 있고, 학생들의 의지도 있지만 환경이 잘 구축되어 있지 않다면 체육활동에는 한계가 있습니다. 앞으로 계속 꿈의학교가 30주년, 40주년을 맞이하게 될 텐데 체육교사로서 인프라가 잘 구축되어 아이들이 맘껏 뛰어놀며 즐겁게 체육활동을 하기를 바랍니다.

앞으로 꿈의학교는...

저에게 꿈의학교는 '많은 것을 배우고 깨닫는 곳'입니다. 저는 어렸을 때부터 부모님하고도 떨어져 사는 가정환경으로 인해 사람을 대하는 방법을 잘 몰랐습니다. 그런데 꿈의학교는 다 같이 살다 보니 다른 분들이 살아가는 모습을 보며 새롭게 알게 되고 깨닫는 것들이 많은 것 같습니다.

꿈의학교를 이루는 제일 중요한 구성원은 '학생', '교직원', '학부모' 이렇게 세 축이라고 생각합니다. 그런데 이 구성원들이 과연 지금 행복한지, 이 사역을 잘 감당하고 있는지, 보람이 있는 일인지 점검해보는 시간을 가지면 좋겠습니다. 우리는 각자 해야 할 일들이 있고, 그 역할을 충실히 잘 했을 때 균형이 잡히고 평형을 유지할 수 있습니다. 그래서 지금은 균형을 잡기 위한 노력이 필요합니다. 계속 확인하고, 서로 점검해주고, 내가 더 해야 할 일은 무엇인지, 어떤 점을 더 노력해야 하는지 서로서로 확인해 주는 우리 꿈의학교 공동체가 되면 좋겠습니다.

꿈의학교 3.0
'성결의 시대'

[소개] 꿈의학교 3대 교장 꿈꾸는 **이인희**

"죽은 시인의 사회"를 통해 만난 키팅 선생님처럼 인생의 방향을 안내해주는 멋진 선생님이 되고자 사범대 졸업 후 공교육 현장으로 갔지만 예상치 못한 한계에 부딪쳤다. 자신을 더 갈고닦고자 대안학교를 찾고 있던 중, 2001년 우연히 꿈의학교 교사 모집 공고를 보게 되었고 1대 교장 의로운님을 만나 12월부터 꿈의학교 개교 준비를 함께했다. 평교사와 교감을 거쳐 2020년, 꿈의학교 3대 교장으로 부름 받아 꿈의학교 3.0 시대를 열어가고 있다. 청년으로 와서 '생육하고 번성하라.'는 창세기 1장 28절 말씀에 순종하여 현재 어엿한

다섯 자녀의 아버지이자 꿈의학교 청지기로서 살아가고 있다.

2020년 3.0 꿈의학교

꿈의학교 1.0 시대와 2.0 시대를 거쳐 2020년 꿈의학교 3.0, 3대 교장으로 취임한 꿈꾸는 이인희입니다. 사실 제가 꿈의학교에 이렇게 오랫동안 있을 거라 상상하지 못했습니다. 그런데 어쩌다보니 20년이라는 세월이 흘렀고 지금은 교장이라는 자리에 있습니다. 모든 것이 다 하나님의 인도하심이라 생각합니다.

하지만 애석하게도 저는 꿈의학교 교사로 있으면서 무려 세 번이나 꿈의학교를 그만둘 계획을 갖고 있었습니다. 그만두기 위한 구체적인 계획을 세울 때마다 실패하였고, 심지어 한 번은 새로운 학교를 세우기 위해 땅도 사고 이것저것 준비했지만 결국에는 뜻대로 되지 않아 접게 되었고, 꿈의학교에서 교사 생활을 이어갔습니다. 그렇게 생활하던 중 아주 결정적인 사건이 터지게 됩니다. 2013년, 우간다 단기선교를 함께 간 한 학생이 말라리아에 걸려 중태에 빠졌고 그 과정에서 인생 처음으로 서원기도를 하게 됩니다.

"하나님, 이 친구 살려주시면 제가 우간다 선교를 가겠습니다."

감사하게도 얼마간의 시간이 지나 말라리아에 걸렸던 학생은 회복했고, 학교도 잘 다녀 무사히 졸업했습니다. 인생 처음으로 한 서원기도였기에 하나님이 저에게 기도응답을 해주셨다고 생각했습니다. 서원했기에 그 약속을 지켜야만 했고 저는 우간다 선교를 가기 위해 준비를 시작했습니다.

한참 준비하고 있을 무렵인 2016년, 당시 교감 선생님이셨던 깊은님이 갑자기 저를 부르셨습니다.

"꿈꾸는님, 꿈의학교를 위해 우간다 가기 전 교감으로 조금만 섬겨주세요. 여기서 받은 은혜도 있으시니까 그 은혜를 생각해서라도 부탁드립니다."

생각해 보니 깊은님 말씀처럼 저는 꿈의학교에 있는 동안 받은 은혜가 정말 많았습니다. 그래서 고민이 되었습니다. 서원기도를 했기에 우간다는 가야했는데, 학교에서 필요하다면 그 역할을 감당해야겠다고 생각했습니다. 3년 임기를 채우면 그 이후에 우간다를 가기로 마음먹고 말이죠.

그렇게 약속한 3년이 지났습니다. 다시 우간다 선교를 가기 위해 준비하는 시점에 한 번 더 제의를 받게 됩니다. 이번에는 교장 자리였습니다. 그러나 교장이 되는 것은 제가 한다고 해서 되는 게 아니라 공동체, 이사회, 교직원 등 많은 분들의 동의가 필요했습니다. 어쩌다 보니 모든 구성원들의 의견이 모아졌고 그렇게 저는 2020년부터 꿈의학교 3대 교장으로 취임하여 지금까지 교장으로서 직임을 담당하고 있습니다.

지금 돌아보면 제가 우간다로 바로 가지 않고 꿈의학교에서 있었던 시간은 하나님께서 저를 조금이라도 더 훈련시키고 다듬기 위한 계획이었던 것 같습니다. 준비가 안 된 저를 이곳에서 하나씩 하나씩 훈련시키시고, 미처 보지 못한 연약한 부분들을 직면하게 해주셨습니다. 그래서 저는 이 시간을 저를 다듬어 가는 시간이라 받아들이게 되었습니다. 지금의 이 순간은 아마 돈으로 환산할 수 없는 어마어마한 자산이자 귀한 경험이라 생각합니다.

꿈의학교 교장에 대해 정의한다면 '결정하고, 책임지고, 욕먹고,

품어주는 자리'라고 정의하고 싶습니다. 공감 가는 부분도 있고 이해하기 어려운 부분도 있으실 것이라 생각합니다. 일단 교장이라는 자리로 오는 대부분의 문제들은 난제일 경우가 대부분입니다. 그 문제를 해결하는 과정 속에서 의사결정을 빨리 해줘야 하고, 결정한 내용에 대해서는 책임이 뒤따르는 자리입니다. 그래서 책임감이 막중한 자리라는 것을 매일 느끼고 있습니다. 하지만 결정사항에 대해 모두가 만족하는 일은 아마 독재가 아닌 이상 이 세상에는 없을 것입니다. 교장이라는 자리도 마찬가지입니다. 결정에 대해 때로는 마음이 어려운 사람들도 있을 것이고, 어쩌면 욕을 먹어야 되는 순간도 있습니다.

하지만 저는 그 마음을 충분히 이해합니다. 부정적인 시선과 말은 학교를 사랑하는 마음에서 비롯된 사랑의 질책이라고 생각합니다. 그래서 교장이라는 자리는 미워하거나 적대하기보다는 오히려 품고 우리가 하나의 공동체로 묶여있다는 것을 다시 한번 깨닫게 해주는 자리입니다.

연장선상으로, 20년을 꿈의학교라는 곳에서 살다보니 공동체 내에서는 다양한 사람들을 만나게 됩니다. 개중에는 생각이 비슷한 분들도 있지만 아예 다른 분들도 있습니다. 당연히 그럴 수밖에 없습니다. 왜냐하면 각자가 모두 하나님의 부르심으로 있는 것이며, 하나님이 이 공동체를 사랑하신다는 것을 알기에 저는 모든 일과 사람에 대한 신뢰가 있습니다. 또한 저는 신이 아니기에 실수를 할 수도 있고 서로의 생각은 틀린 것이 아니라 다른 것이라 여깁니다. 그래서 저는 교장이라는 자리가 무겁긴 하지만 거부감을 갖거나 욕 먹는 일에 크게 노여워하거나 상심하지 않습니다.

1대 교장 의로운님은 '성장의 시대', 2대 교장 꿈지기님은 '성숙의 시대', 그리고 3대 교장인 저는 이 시기를 '성결의 시대'라고 부르려 합니다. 성장의 시대에는 질적&양적으로의 성장이 있었고, 성숙의 시대에는 학교 내실화에 집중했습니다. 그렇다면 성결의 시대에는 무엇을 해야 할까요? 성결의 시대는 또 다른 성장과 성숙의 시대로 이어가기 위한 시간입니다. 그것을 위해서는 꿈의학교를 허락하신 하나님의 사명을 기억하며 동시에 지속 가능한 미래를 위해 준비하는 시간이 필요하다고 생각했습니다.

고민 끝에 '사명을 기억하며 지속 가능한 꿈의학교를 준비하기 위한 미래 청사진을 그리는 것'으로 방향을 잡았습니다. 이에 관한 구체적인 실천사항을 '꿈의학교 KE2022 발전계획'으로 만들었습니다. 꿈의학교 KE2022는 2020~2022년까지의 각 영역별 단기, 장기 목표를 세워 실행하는 계획안입니다. 앞으로의 도약을 위해 발판과 토대를 잘 만들어가는 것이 저희가 당면한 과제라고 생각합니다.

교장으로 취임 후 어려움이 많이 있었지만 취임하자마자 피부로 닥쳤던 것은 코로나로 인한 학교운영상의 어려움이었습니다. 쉽게 끝날 줄 알았던 코로나가 장기화되면서 과연 우리 학교는 학사일정대로 교육을 진행할 수 있을지 중대한 결정을 해야하는 상황이었습니다. 기숙사학교라는 특성상 전염 위험성이 높았기에 학교 문을 닫아야 하나 걱정했지만 다행히 많은 분들의 지혜로 정상적인 학사운영을 했습니다. 물론 그 과정 속에서 아이들과 선생님 모두 고생했지만 오히려 이런 위기 가운데 하나님의 임재하심을 경험했고 학교가 신뢰를 받을 수 있는 기회가 되지 않았나 싶습니다.

교장 취임 후 당면한 또 다른 과제는 학생 모집에 관한 것이었습니다. 우리나라의 인구는 점점 줄어들고 수많은 학교가 있는데 그 속에서 꿈의학교는 경쟁력 있는 학교가 되어야 했고, 학생 모집에 있어서도 예전과는 다른 어려움들이 있었습니다. 비인가학교라 정부의 보조를 받는 것도 아니고, 재단의 후원을 받는 상황이 아니었기에 학생 모집이 곧 학교의 존립과도 연결되어 있었는데 다행히 하나님께서 지혜를 주셔서 특별전형을 만들게 하셨고 초등교육 기관들과 다양한 MOU를 맺으며 그 위기를 어느 정도 극복할 수 있었습니다.

어려운 상황들을 마주하며 깨달은 점은 어렵고 힘든 상황 속에서 우리가 기억해야 할 것은 '우리가 진짜 하나님을 신뢰하고 의지했나?'였습니다. 어쩌면 이 상황을 지켜보고 계시는 하나님은 일종의 테스트를 하며 우리가 어떻게 헤쳐 나가는지 지켜보는 시간이 아니었을까 하는 생각도 듭니다.

한편으로는, 꿈의학교가 성결의 시대로서 3.0을 선포한 것은 본질을 찾기 위한 것도 있습니다. 본질을 찾는다는 것은 원래의 위치를 찾는다는 것인데, 하나님이 꿈의학교를 처음에 세우실 때에도 분명히 목적이 있었을 것입니다. 하나님이 각각 우리를 이 땅에 보내신 사명이 있는 것처럼 꿈의학교를 허락하실 때에도 본질적인 사명이 있습니다. 그 사명을 찾는 것은 중요합니다.

또한 성결은 본질로 돌아가는 행위입니다. 원래의 본질에서 벗어난 것은 타락한 것이고, 본질이라는 목표를 향해 나아가면 성결하고 거룩해지는 것입니다. 꿈의학교가 지금 20주년에 맞춰 여러 가지를 준비하는 것 또한 역사를 기억하고 본질로 돌아가는 행위입니다. 역사를 기억한다는 것은 하나님이 그 안에서 어떤 섭리를 행하셨는지 우리가 확인하고 흔적들을 기억하며 자연스럽게 감사할 수 있는 마음을 가지는 것입니다.

과거와 현재가 있다면 미래에 대한 생각도 안할 수 없습니다. 하나님이 지금까지 인도하셨기에 앞으로도 꿈의학교를 인도하실 것이라 믿습니다. 먼 훗날, 지금으로부터 또 20년이 지나면 학교 공동체 구성원도 많이 바뀔 것입니다. 만약 새로운 공동체가 꿈의학교의 역사를 살펴보았을 때, 우리의 기록들을 통해 꿈의학교가 하나님의 학교였고 하나님이 우리를 이렇게 간섭하셨다는 것을 기억하면 좋겠습니다.

교장으로서 지내며 힘든 일이 많은 건 사실이지만 보람을 느낄 때도 많습니다. 누군가 저에게 보람을 느낄 때가 언제냐고 물어본다면 역설적이게도 가장 힘든 일이 닥쳤을 때 보람을 느꼈다고 말하고 싶습니다. 사실 제가 할 수 있는 일이라면 죽이 되든 밥이 되든 그냥 하는 것들도 있는데, 어떤 것들은 인간의 능력으로는 전혀 손댈 수 없는 일도 있습니다. 그럴 때마다 저는 기도의 자리로 나아갑니다. 그러면 하나님이 저에게만 주시는 지혜와 은혜가 있습니다. 하나님이 주시는 지혜로 일을 해결하다 보면 신기하게도 그 문제는 풀리고 공동체가 다시 살아나는 현장을 보게 됩니다. 이러한 상황을 겪으며 알게 되는 것은 '하나님이 진짜 우리와 함께하시는구나!'라는 사실입니다.

제가 3대 교장으로 지금 이 자리에 있기까지 감사한 분들도 참 많습니다. 한 분 한 분 다 말씀드리고 싶지만 그중 몇 분께 감사인사를 전한다면, 역대 교장 선생님들을 통해 새로운 영역에 대해 배울 수 있음에 감사했습니다. 1대 교장 의로운님으로부터는 '스케일'을, 2대 교장 꿈지기님으로부터는 '디테일'을 배웠는데 이 부분들은 사실 저에게 없는 것들입니다.

또 깊은님을 빼놓지 않을 수 없는데요, 깊은님이 처음 저에게 꿈의학교 교감을 제안하셨을 때는 원망스러운 마음도 없지 않아 있었습니다. 꿈의학교에서 얻은 만큼 쏟아놓고 가라는 느낌도 있었고,

사실 제가 원치 않았던 일이었기 때문입니다. 하지만 지금 돌아보면 하나님은 깊은님을 통해 일하신 것 같습니다. 제 안의 연약한 부분들을 다듬게 하시고 이기적이고 목적지향적인 성향을 교장이라는 자리를 통해 철저히 무너지게 하셨습니다. 만약 깊은님이 저에게 제안을 하지 않았다면 저는 지금의 은혜를 경험하지 못했을 것입니다.

교장이라는 리더의 자리에 있는 사람들이 가장 바라는 것이 있다면 아마 본인이 몸 담고 있는 학교가 좋은 학교로 알려지는 것일 것입니다. 저도 마찬가지입니다. 좋은 학교라는 것은 정의를 내리기 참 어렵습니다. 그런데 감히 정의 내린다면 '다시 오고 싶은 학교'가 좋은 학교이지 않을까 생각합니다.

학교의 역사가 깊은 만큼 졸업생도 많이 배출되고 있습니다. 학교 초창기 시절, 제가 졸업생들과 독서캠프를 진행할 때 졸업생 스텝들을 서산에서 차로 태워 오면 아이들은 영탑리 입구 들어올 때부터 흥분해서 소리칩니다. 소리치는 이유는 학교에 온다는 것 자체가 너무 좋아서였고, 언제든 다시 오고 싶은 그리운 학교였기 때문입니다.

사실 저는 꿈의학교 졸업생들처럼 학창시절 다녔던 학교에 대한 이미지가 그리 선명하지 않습니다. 성인이 되고 『가치로의 산책』이라는 책을 처음으로 출간했을 때, 모교에서 학교를 빛낸 동문이라며 초청해주신 적이 있습니다. 그런데 초청받았을 때 꿈의학교 졸업생들처럼 딱히 그립다는 느낌은 없었습니다. 그래서 그런지 졸업생들이 꿈의학교를 '제2의 고향'이라고 좋아하는 모습을 보면 저는 이 학교가 진짜 좋은 학교라는 것을 알 수 있습니다. 그래서 좋은 학교가 되기 위해서는 졸업 후에도 편하게 올 수 있는 공동체를 만들어야겠다고 생각했고, 그게 바로 좋은 학교가 되는 것이 아닐까 생각합니다.

앞으로 꿈의학교는...

저에게 꿈의학교는 '꿈의학교'입니다. 다음 세대를 향한 하나님의 꿈이 무엇인지 잘 몰라 막연히 기독교 교육을 하고 싶었지만, 꿈의학교 교육현장에서 함께하며 다음 세대를 향한 하나님의 긍휼한 마음을 어렴풋이 알게 되었습니다. 개인적으로는 어렸을 때 아버지가 일찍 돌아가셔서 아름다운 가정에 대한 모델을 항상 갈망했는데 감사하게도 아름다운 가정을 꿈의학교에서 이루었고 그 가정이 저에게는 너무나 소중합니다. 그래서 저는 감히 꿈의학교는 저에게 있어서 '꿈의학교'라고 말할 수 있습니다.

또한 꿈의학교는 축복된 만남의 장소입니다. 좋은 동역자와 스승, 그리고 창조주 하나님을 만나고 기억하는 학교가 바로 꿈의학교입니다. 이런 지속 가능한 학교가 되기 위해서 우리가 할 수 있는 것은 무엇일까요? 감히 떠올려 보건대 우리는 하나님의 은혜를 '감사'로 기억하면 좋겠습니다.

20주년을 돌이켜보면 수많은 분들이 거쳐 갔습니다. 지금 학교에는 없지만 졸업생, 졸업생 학부모, 그리고 교직원들이 있습니다. 필요의 때에 따라 하나님이 꿈의학교로 부르셨고, 또 다른 부르심으로 지금은 함께하지

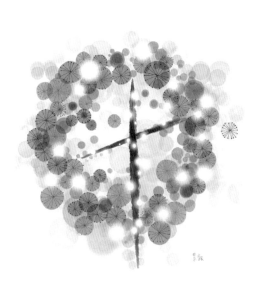

않지만 문득 그분들을 잘 기억하고 감사를 흘려보내야겠다는 생각이 들었습니다.

　기억되기로는 그분들의 인생에 지나쳐 간 꿈의학교가 감사할 수 있는 곳으로 남았으면 좋겠습니다. 그 기억이 선한 영향력이 되어 졸업생의 자녀, 그리고 졸업생 학부모님들의 손주를 꿈의학교에 보내며 놀라운 감사 회복 운동이 일어나는 꿈의학교가 되기를 소망합니다.

에필로그

하나님의 성전
'꿈의학교'

꿈의학교가 20주년이 되기까지 한 순간도 쉽게 지나온 적이 없었다는 것을 이번 기회를 통해 깨닫게 되었습니다. 20주년을 기념하는 책을 발간하기 위해 많은 분들을 인터뷰하고, 그 내용을 정리하다 보니 저는 때로는 학생이 되었다가 학부모가 되기도 하고 20년차 선생님도 되는 등 마치 각 이야기의 주인공이 된 것 같은 기분이었습니다.

만약 제가 인터뷰에 함께하지 않았다면 하나님이 꿈의학교를 얼마나 사랑하시는지 가늠조차 못했을 것입니다. 그만큼 꿈의학교에 미친 하나님의 은혜를 엿볼 수 있었던 행복한 시간이었습니다. 특별히 하나님이 사람을 통해 얼마나 정교하게 일하셨는지, 그리고 한 사람 한 사람이 너무나 귀하고 소중하다는 것을 일깨워주시니 이 감사를 어떻게 표현해야 할지 모르겠습니다. 이 책을 읽는 모두가 꿈의학교에 역사하신 하나님과 그 하나님께서 우리를 이렇게 부르셨다는 것을 조금이라도 생생하게 느끼실 수 있으면 좋겠습니다.

인터뷰 공통질문 중에 이런 질문이 있습니다. '당신에게 꿈의학교는 어떤 의미인가요?' 이 질문을 듣고 많은 분들이 이렇게 답해주셨습니다.

'학교', '공동체', '하나님의 사람을 키우는 학교', 'Everything', '믿음의 고향', '한국 교육과 사회에 잔잔한 울림을 줄 수 있는 학교', '집', '광야학교', '기독교공동체학교', '어떤 어른으로 성장할 것인가를 고민하게 해준 곳', '만남의 축복이 있는 학교', '소명을 발견하게 해준 곳', '많은 것을 배우고 깨닫는 곳', '공동체를 알게 해준 곳', '꿈의학교', '자식 같은 존재', '쉴 만한 물가', '하나님의 정원', '라마나옷', '하나님을 위해 모인 공동체', '터닝포인트', '가족'

신기하게도 의미가 비슷한 것은 있었지만 똑같은 답변은 하나도 없었습니다. 그런데 각각의 의미가 모두 감동이었습니다. 저도 이 질문에 대한 답을 함께 들으면서 '나에게 꿈의학교는 어떤 곳일까?' 생각해보았습니다. 문득 '하나님의 성전'이라는 말이 떠오릅니다. 하나님의 성전은 사람이 더럽힐 수 없는 곳이고 항상 거룩해야하는 곳입니다. 우리 꿈의학교는 하나님의 학교입니다. 하나님께서 이곳을 세우셨고 운영하시기에 우리는 하나님의 성전과도 같은 이곳을 잘 지켜야 한다고 생각했습니다.

꿈의학교는 많은 분들의 기도와 눈물이 있었기에 지금까지 역사하고 있습니다. 아마 이 책을 읽으신 분들은 꿈의학교를 위해 기도하지 않을 수 없을 것입니다. 그래서 부탁드리고 싶은 것은 이 꿈의학교를 위해, 그리고 다음 세대를 위해 기도해 주시면 감사하겠다는 말을 전하고 싶습니다.

꿈의학교의 20년을 담기엔 책 한 권으로는 부족하지만, 최선을 다했으니 꿈의학교의 역사에 대해 잔잔히 함께 살펴봐 주셨으면 좋겠습니다. 책이 나오기까지 인터뷰를 기획하시고 끊임없이 소통하시며 꿈의학교 역사기록을 위해 애쓰신 꿈꾸는님, 인터뷰 현장을 정성스럽게 촬영하고 편집해 주신 수락하는님, 꿈의학교 역사들의 산

증인으로서 기꺼이 인터뷰에 응해주신 20명의 주인공들, 그리고 이 책이 세상에 나올 수 있도록 도와주신 예영커뮤니케이션 출판사 식구분들에게 감사의 인사를 드립니다.

이 책을 읽고 있는 바로 당신이, 다음 책의 주인공이 되기를 소망합니다. 하나님이 기뻐하시는 꿈의학교 역사에 함께 할 수 있어서 행복했기에, 다시 한번 감사의 인사를 드립니다.